# Identidade e globalização

# Identidade e globalização

Impasses e perspectivas da identidade e a diversidade cultural

Organização de Liszt Vieira

EDITORA RECORD
RIO DE JANEIRO • SÃO PAULO
2009

Copyright © Liszt Vieira, 2009

Composição de miolo
*Abreu's System*

                CIP-Brasil. Catalogação-na-fonte
             Sindicato Nacional dos Editores de Livros, RJ
I22     Identidade e globalização / org. Liszt Vieira. - Rio de Janeiro : Record, 2009.

       Inclui bibliografia
       ISBN 978-85-01-089052

       1. Cultura - Brasil. 2. Identidade social. 3. Características nacionais brasileiras. 4. Globalização. I. Vieira, Liszt. II. Título.

09-3967.                                                  CDD: 306
                                                         CDU: 316.74

Todos os direitos reservados. Proibida a reprodução, armazenamento ou transmissão de partes deste livro, através de quaisquer meios, sem prévia autorização por escrito.

Este livro foi revisado segundo o Novo Acordo Ortográfico da Língua Portuguesa.

Direitos exclusivos desta edição reservados pela
EDITORA RECORD LTDA.
Rua Argentina, 171 - 20921-380 - Rio de Janeiro, RJ - Tel.: 2585-2000

---

PEDIDOS PELO REEMBOLSO POSTAL
Caixa Postal 23.052 – Rio de Janeiro, RJ – 20922-970

Impresso no Brasil
2009

EDITORA AFILIADA

# Sumário

APRESENTAÇÃO  7

UNIVERSALISMO CONCRETO E DIVERSIDADE CULTURAL  15
Sérgio Paulo Rouanet

DIFERENÇA E IDENTIDADE: A CRÍTICA PÓS-ESTRUTURALISTA
AO MULTICULTURALISMO  33
Sérgio Costa

MORRER PELA PÁTRIA? NOTAS SOBRE IDENTIDADE
NACIONAL E GLOBALIZAÇÃO  61
Liszt Vieira

DIVERSIDADE CULTURAL, IDENTIDADE NACIONAL
BRASILEIRA E OS SEUS DESAFIOS CONTEMPORÂNEOS  87
Antonio Cavalcanti Maia

DESAFIOS DA DEFESA DE UMA IDENTIDADE
NACIONAL  119
Maria Clara Dias

**A RECEPÇÃO NACIONAL DO ESTRANGEIRO NO MUNDO GLOBALIZADO** *137*
Caterina Koltai

**A FUNÇÃO IDENTITÁRIA DA AMAZÔNIA NO IMAGINÁRIO BRASILEIRO** *151*
Marijane Vieira Lisboa

**IDENTIDADE, GLOBALIZAÇÃO E SECULARIZAÇÃO** *171*
Maria das Dores Campos Machado

## Apresentação

A questão da identidade tornou-se um dos principais temas de reflexão política e sociológica da atualidade. Uma série de fenômenos contribui para a rediscussão e a possível recodificação do tema da identidade. Razões de índole econômica, política e até filosófica propiciam solo fértil para a retomada atual desse tema. No domínio da economia, os processos de globalização, sob a hegemonia do capitalismo financeiro, alijam os Estados nacionais da possibilidade de decisões autônomas em função de seus interesses e de suas necessidades. No plano político, a redefinição político-geográfica da Europa enseja esforços teóricos de compreensão das novas identidades gestadas a partir de fenômenos como, por exemplo, as migrações e o status das minorias étnicas em cada nação.

Não há um consenso entre os teóricos acerca do domínio específico de reflexões que têm como objeto central a questão da identidade. Debruçaram-se sobre o tema filósofos como Jürgen Habermas, Richard Rorty e Charles Taylor e sociólogos como Manuel Castells, Nestor Canclini, Benedict Anderson, Stuart Hall, Ernest Gellner e Zygmunt Bauman, entre outros. Mas o campo que reúne as principais reflexões contemporâneas do debate acerca da identidade é esta área pouco definida chamada de estudos culturais. Nesse domínio, Stuart Hall, Aijaz Ahmad, Eduardo Said, Homi Bhabha e Nestor Canclini são marcos incontornáveis que lançam suas reflexões a partir de um ponto de vista exterior ao centro dominante da cultura mundial, vale dizer, o horizonte norte-atlântico.

O desafio do presente livro que ora apresentamos ao leitor brasileiro é, na esteira desses autores, contribuir para o incipiente debate que tem por foco a problemática da identidade no Brasil.

Abre o livro o texto do embaixador Sergio Paulo Rouanet extraído de uma palestra proferida na Fundação Casa de Rui Barbosa. O artigo "Universalismo concreto e diversidade cultural" aponta a dicotomia entre o universal e o particular que se oculta sob o termo diversidade cultural. De um lado, os que só enxergam um igualitarismo abstrato que ignora as diferenças. De outro, um "diferencialismo" abstrato para o qual só as diferenças existem. O padrão universalista, de origem iluminista, teve enorme influência no Brasil com sua obsessão pela homogeneidade e seu desprezo pela diferença. A isso se opuseram certas concepções fundadas no relativismo cultural que, em suas versões extremadas, acabaram aceitando violações graves dos direitos humanos como, por exemplo, canibalismo ou mutilação clitoridiana.

Ao rejeitar o universalismo igualitarista e o diferencialismo, igualmente abstrato, o autor aponta um terceiro caminho, que denominou universalismo concreto. É possível conviver com todas as diferenças desde que elas respeitem um núcleo mínimo de princípios comuns a todas as culturas. A partir daí, os particularismos culturais podem florescer.

Em seguida, o cientista político Sérgio Costa assinala em seu texto que os debates da teoria democrática em torno do reconhecimento de diferenças culturais partem, em geral, de uma concepção geográfica e estática de cultura, como se os Estados-nação constituíssem a base fundamental de formação das identidades pessoais e coletivas. Essa

APRESENTAÇÃO

visão vem sendo confrontada pela crítica pós-estruturalista, a qual mostra que culturas não são estoques de informação, valores e padrões de conduta reproduzidos indefinidamente, mas articulações identitárias construídas no bojo das relações sociais e políticas. Nesse sentido, políticas multiculturalistas não podem ser vistas como forma de reconhecimento de identidades pré-existentes. Na maior parte das vezes, as chances de reconhecimento é que favorecem a (re)invenção das identidades que deveriam supostamente "apenas" preservar.

O artigo busca avaliar as consequências da crítica pós-estruturalista para as concepções de cultura e para as políticas públicas multiculturalistas. A intenção não é desqualificar o multiculturalismo, mas defender um tipo de multiculturalismo autocontido, consciente de seu papel na formulação e reformulação das identidades culturais.

Em seu artigo "Morrer pela pátria? Notas sobre identidade nacional e globalização", o sociólogo Liszt Vieira analisa a questão das identidades culturais sufocadas durante o período de formação do Estado nacional. A ênfase na unidade nacional bloqueou o reconhecimento da diversidade cultural. O apelo a morrer pela pátria aparece em quase todos os hinos nacionais da América Latina. A literatura nacional na época do romantismo exaltava a exuberância da natureza e privilegiava os textos de utilidade instrumental para a formação nacional. No caso do Brasil, onde não houve guerra pela independência nacional, o papel da natureza foi sobrevalorizado em detrimento da história e reaparece hoje misturado à consciência ecológica da necessidade de preservação ambiental.

O artigo retoma o tema da identidade nacional, agora à luz do processo de globalização, e mostra como o enfraquecimento atual do Estado-nação acarreta o ressurgimento de identidades culturais sufocadas durante o período de

IDENTIDADE E GLOBALIZAÇÃO

formação e consolidação do Estado nacional. A estrutura básica do Estado nacional criada pelo Tratado de Vestfália em 1648 — territorialidade, soberania e autonomia — está desmoronando e diversos arranjos de governança global estão sendo institucionalizados. Em decorrência, as noções de pátria e identidade nacional perdem sua dimensão política e tornam-se uma referência puramente cultural.

O artigo do professor de filosofia Antonio Maia sustenta a necessidade de uma retomada das discussões acerca da identidade nacional brasileira. Retomada, porque tal tema constituiu elemento central das cogitações da *inteligentsia* nacional à época do modernismo e na virada dos anos 50 para os 60 quando do debate sobre o modelo nacional-desenvolvimentista. Seguindo o mote de Richard Rorty de que precisamos substituir um vocabulário herdado por um novo menos enganoso e mais iluminador, o autor inicia seu artigo com um trabalho de natureza conceitual procurando definir o que é identidade e como se pode atribuir essa ideia a entidades complexas como o conceito de nação. Arrola também os motivos pelos quais a discussão sobre identidade nacional está sendo retomada nos dias de hoje.

Uma série de fenômenos contribui para a rediscussão e a possível recodificação do tema da identidade nacional. A globalização, de dominância econômico-financeira, a construção política da União Europeia, a hegemonia cultural estadunidense e a introdução de uma agenda política inspirada no multiculturalismo inspiram reapropriações de tão cara temática. Ainda no plano político, o fim da União Soviética e o recrudescimento dos nacionalismos — em especial em sua forma quase patológica nos etnonacionalismos — chamaram a atenção para as problemáticas contemporâneas político-culturais.

O texto da professora Maria Clara Dias pretende distinguir dois aspectos do debate acerca do nacionalismo: o

APRESENTAÇÃO

da legitimidade da parcialidade face aos conacionais e o do direito à autodeterminação nacional. Frente a ambos, a autora defende a tese de que o reconhecimento da identidade nacional pode ser visto não como uma ameaça, mas uma decorrência espontânea de uma concepção moral universalista.

O principal foco de divergência entre perspectivas nacionalistas e defensores dos direitos humanos parece estar no comprometimento dos primeiros com uma certa parcialidade moral e política frente a indivíduos de uma mesma nação. A demanda universal pelo reconhecimento de direitos básicos correria, assim, o risco de ter seus limites estabelecidos por fronteiras nacionais. Estamos, portanto, diante do primeiro problema colocado pela questão do nacionalismo, a saber: o da parcialidade ou do estabelecimento de obrigações especiais para com os conacionais. É possível legitimar tal parcialidade? Será seu reconhecimento realmente incompatível com uma perspectiva defensora do caráter universal de certos direitos humanos?

A psicanalista Caterina Koltai aborda a recepção nacional do estrangeiro no mundo globalizado. Seu texto chama a atenção para o destino do estrangeiro em nossa contemporaneidade, uma vez que é bem sabido que a recusa do outro é algo muito mais universal do que gostaríamos de admitir e que tanto as sociedades quanto os humanos precisam enfrentar a questão de como lidar com outros humanos, outras sociedades. Hoje em dia, com a globalização, que muitos gostariam de ver apenas sob os traços do desenvolvimento do saber, do progresso, da conquista dos direitos humanos, aumentaram as migrações, e o estrangeiro, aquele que vem de fora, de um outro lugar, por mais que possa ser bem-vindo em certas ocasiões, na maioria das vezes não passa de um ser indesejado, passível de ser repatriado.

## IDENTIDADE E GLOBALIZAÇÃO

Esse artigo tenta aprofundar uma das principais características dos novos fluxos migratórios, a de que o estrangeiro deixou de ser o outro absoluto e passou a ser aquele que mora ao lado, na casa vizinha. E é justamente aí que parece residir o problema da recepção do estrangeiro em nossos dias, pois aquilo que ainda parecia tolerável quando o estrangeiro estava longe vem se tornando insuportável a partir do momento em que ele se aproximou demais, impondo as suas assim chamadas "excentricidades", o que os transforma na tela na qual os cidadãos acabam projetando o desprezo, o ódio, a inquietude, a ameaça que sentem perante um futuro incerto. Não por acaso o imigrante ilegal está se tornando em nossos dias o mau objeto sobre o qual se projeta tudo que nos é impossível suportar em nós mesmos.

O texto da socióloga Marijane Vieira Lisboa mostra como as florestas brasileiras e a Amazônia em particular sempre desempenharam um importante papel no imaginário brasileiro. Desde o verde da bandeira nacional até as múltiplas menções às florestas brasileiras em nossos hinos nacionais, os brasileiros sempre se orgulharam de suas florestas, o que, no entanto, nunca impediu que essas fossem sistematicamente destruídas, como foi o caso do quase completo desaparecimento da Mata Atlântica, reduzida a 7% da sua área anterior à chegada dos portugueses.

A Floresta Amazônica e o Rio Amazonas, por suas dimensões extraordinárias, continuam sendo motivo de orgulho nacional. Em íntima relação com esse orgulho nacional estariam as teorias conspiratórias que falam de planos de potências estrangeiras para "internacionalizar" a Floresta Amazônica, roubando-nos seus recursos biológicos e hídricos. No entanto, quem efetivamente vem destruindo a Floresta Amazônica a passos acelerados são a pecuária extensiva e a monocultura da soja, ambas incentivadas di-

APRESENTAÇÃO

retamente por créditos e órgãos públicos, enquanto os povos indígenas e populações tradicionais, que exploram a floresta de forma sustentável, carecem do devido apoio e de proteção. A função identitária da Amazônia no imaginário brasileiro encobre, portanto, os reais conflitos sociais que dilaceram o ambiente amazônico.

Em seu artigo "Identidade, globalização e secularização", a socióloga Maria das Dores Campos Machado parte da difusão das expressões religiosas brasileiras em terras argentinas para repensar os efeitos das forças globalizadoras, especialmente do grande desenvolvimento das tecnologias de transporte e de informação, nas religiões e no processo de construção das identidades confessionais na América Latina. Nesse sentido, a autora demonstra que, a despeito das tendências comuns de declínio do catolicismo, de fluxos de grupos confessionais e da difusão de movimentos New Age, são múltiplas as formas de se viver e representar as experiências religiosas nas diferentes sociedades nacionais.

Corroborando a tese da assimetria da globalização cultural, a autora argumenta ainda que, embora a América Latina conte com uma elite econômica e intelectual que circula pelos centros culturais do mundo, assim como movimentos sociais transnacionais e acesso às últimas tecnologias de comunicação, elementos que favorecem as tendências de secularização das instituições sociais e de subjetivização dos códigos de crenças, o ritmo e o alcance dessas tendências variam em função de fatores como: a composição étnica, as relações entre os Estados e a Igreja Católica, o acesso à educação formal, a cultura política e o grau de institucionalização da sociedade de cada país.

O presente livro reúne, assim, textos de diversos autores que abordam ângulos diferentes da problemática da identidade, em tempos de globalização, sob o impacto da

IDENTIDADE E GLOBALIZAÇÃO

grande crise que abalou o mundo neste fim da primeira década do século XXI. Ao organizar o livro, nosso propósito foi contribuir para o debate e a reflexão sobre o tema da identidade no Brasil.

Liszt Vieira

# Universalismo concreto e diversidade cultural[1]

Sérgio Paulo Rouanet[2]

Debaixo do termo diversidade cultural existe a dicotomia entre a reivindicação dos direitos universais por parte do cidadão e a reivindicação de direitos particularistas feita, por exemplo, pelos movimentos sociais. De um lado, o conceito de cidadania inclusiva, igualitarista, segundo o qual todos os membros de uma nação são iguais, a lei vale para todos sem diferença; de outro, uma formulação oposta, que viria dos movimentos sociais, segundo os quais esse conceito seria excessivamente genérico e abstrato, cego às diferenças reais, como aquelas advindas da etnia, da cor, do gênero, da religião etc. A questão que se coloca em debate é se a implementação do direito à diferença representa ou não antagonismo entre uma cidadania universal inclusiva e outra particular, plural. A resposta tem de ser bastante ambivalente e nuançada: sim e não. Sim, pode haver esse conflito; e não, esse conflito não precisa existir necessariamente.

Pode haver conflito entre essas duas concepções se partimos de um conceito que se poderia chamar de igualitarismo abstrato, que ignora completamente as diferenças; sim, pode ocorrer o mesmo conflito se partirmos simetricamente do polo oposto, de um conceito que chamaria de diferencialismo abstrato, para o qual só a diferença existe. São duas posições polares, simplificadoras e abstratas. Uma parte da ideia universalista de que a igualdade é fundamental e de que não existem diferenças

IDENTIDADE E GLOBALIZAÇÃO

significativas. As diferenças deveriam ser subsumidas no conceito geral de cidadania. E a outra absolutiza a diferença, a idealiza como se fosse uma finalidade em si mesma ou constituísse um valor moral em si mesmo. Como se a diferença fosse não somente um fato, mas também um valor. Se partirmos dessas duas visões simplificadoras, o igualitarismo abstrato e o diferencialismo abstrato: sim, pode haver um conflito entre os dois conceitos de cidadania. Mas se partirmos de um ponto de vista um pouco mais matizado: não, esses conflitos não precisam existir necessariamente.

O primeiro extremo, que é o conceito que chamei de igualitarismo abstrato, vem, como se sabe, da Ilustração, e foi posto em prática pela Revolução Francesa, que criou um conceito de lei cuja condição de funcionamento era a abolição de todas as particularidades. A Revolução Francesa criou um espaço de igualdade formal, segundo o qual todos eram iguais diante da lei e todas as especificidades e as singularidades culturais foram sendo gradualmente extirpadas pelo trabalho dos convencionais. As línguas regionais, como o bretão, por exemplo, foram eliminadas. Os pesos e medidas diversificados que caracterizavam a vida das províncias francesas foram uniformizados. Foi a época em que o sistema métrico apareceu. As próprias províncias francesas foram transformadas em departamentos. Houve uma preocupação de fazer tábula rasa do passado para usar a terminologia da Internacional — *Du passé faison table rase*. Foi o que fez a Revolução Francesa, num projeto centralizador, jacobino, na esteira do universalismo iluminista, consagrando a ideia do homem universal, segundo o qual não existem especificidades ou essas não são relevantes. Não existem ou não deveriam existir fronteiras nacionais, étnicas, linguísticas. Todos os homens são iguais no planeta. Todos os homens são irmãos.

## UNIVERSALISMO CONCRETO E DIVERSIDADE CULTURAL

O outro extremo é o que chamei de diferencialista, igualmente radical. À ideia igualitária da Revolução Francesa e do Iluminismo europeu contrapõe a absolutização e a idealização da diferença. Posição contrailuminista, contrarrevolucionária, que hoje diríamos de direita, foi adotada principalmente pelos países que, na Europa, se opunham ao tufão universalista que soprava de Paris e que queria acabar com todas as diversidades, com todas as especificidades. Esse projeto foi defendido por Herder, que, apesar de não ser propriamente contrailuminista, se opunha à ideia universalista francesa, que considerava devastadora, pois ia acabar com as diferenças reais em que consistia justamente a especificidade nacional de cada povo. O importante não era o conceito do homem em geral, mas a catedral gótica, a epopeia popular ou o que mais tarde se chamaria de folclore. Nisso residia a solidez e a especificidade da cultura de um povo, não naqueles ideais abstratos da Revolução Francesa. Essa ideia foi retomada no fim do século XVIII e no início do XIX por Joseph de Maistres, um grande pensador, extremamente conservador, favorável a uma restauração monárquica, pré-Revolução Francesa, que dizia que em toda a vida dele nunca tinha encontrado o homem em geral. Tinha encontrado franceses, ingleses, diria ele brasileiros, se houvesse brasileiros naquela época, mas certamente nunca encontrou o homem em geral. Foi uma maneira bastante enfática de dizer que a própria Declaração Universal dos Direitos do Homem era um documento vazio, porque não tinha destinatários concretos. Destinava-se a um ser inexistente, a um animal fantasmático chamado homem, em vez de se dirigir a seres concretos.

Entre esses dois movimentos é preciso saber situar-se. Provavelmente nunca houve um igualitarista em estado empírico, nunca houve um diferencialista em estado empí-

## IDENTIDADE E GLOBALIZAÇÃO

rico, não são realidades empíricas, são tipos ideais na terminologia de Weber. Nenhum igualitarista empírico negou a existência da diferença; nenhum diferencialista jamais negou a existência de normas e princípios universais. Mas podemos trabalhar com esses dois extremos polares como tipos ideais no sentido weberiano: aquele para o qual não existe a diferença e aquele para o qual só existe a diferença. Os dois tipos são inaceitáveis teórica, prática, histórica e politicamente. Sabemos o desastre produzido pelo universalismo abstrato do Iluminismo. Contribuiu para o nivelamento do mundo, para impor em toda parte um padrão único de racionalidade e de moral. No limite, essa atitude pode ser levada até o desaparecimento de culturas inteiras, como aconteceu, séculos antes do Iluminismo, com a América, por intermédio do projeto colonizador hispânico e português.

Foi o padrão universalista que prevaleceu no Brasil. Os explicadores do Brasil, incluindo Sérgio Buarque de Holanda, Caio Prado, Paulo Prado, Eduardo Prado, Gilberto Freire, Oliveira Viana, quase todos partiram desse modelo universalista homogeneizador. Estavam preocupados em construir a nação brasileira e para tanto era preciso construir o povo, que tinha de ser homogêneo. Se olharmos as explicações dadas por esses grandes intérpretes do Brasil, veremos que eram obcecados pela ideia fixa de construir um país que tivesse um povo unitário. A unidade poderia ser dada pela raça, pela cultura, como foi o caso de Gilberto Freire, mas sempre havia essa preocupação. Um fantasma unitário praticamente assombrava a cabeça desses homens. Vemos isso primeiro no paradigma da raça. Não que fossem propriamente racistas. Eles seguiam a doutrina considerada científica na Europa nessa época, que era, se não racista, pelo menos o que alguns chamam de racialista, baseada na existência da raça como categoria fundamen-

## UNIVERSALISMO CONCRETO E DIVERSIDADE CULTURAL

tal. Havia a ideia de Gobineau, de que existiam raças superiores e inferiores etc. Mas não era essa a preocupação de um Sílvio Romero, por exemplo, que constatava a existência de raças no Brasil. O problema não era tanto que houvesse raças negras e que houvesse mulatos, mas sim que não houvesse um tipo racial homogêneo. O fantasma que o assombrava era o da homogeneidade. Para que houvesse um povo era preciso que a raça fosse homogênea. Idealmente deveria ser branca. Evidentemente, leitor das teorias científicas europeias, estava convencido de que o Brasil só se tornaria uma grande nação no momento em que, por um processo evolutivo gradual, se produzisse um certo branqueamento da raça brasileira. Então, haveria um tipo mestiço claro, aproximando-se tendencialmente do ideal ariano. Mas o principal era que fosse uma raça unitária.

A mesma coisa em Oliveira Viana, esse sim um racista furibundo. Em alguns dos seus primeiros livros, dizia claramente que a raça ariana deveria comandar o processo social e político no Brasil e que o que havia de bom no Brasil era o patriciado rural, que segundo ele era inteiramente controlado por elementos arianos. As levas migratórias brancas ajudaram mais ainda a arianização do Brasil. Mesmo os portugueses que vieram do Minho não eram totalmente ruins, porque o Minho era um lugar com uma população de boa cepa romana e céltica, capaz de se opor à invasão desagregadora do elemento mourisco. Os portugueses que vieram do Minho contribuíam para civilizar o Brasil e poderiam ser a base da nacionalidade futura. E assim por diante.

Mas, em geral, não é que houvesse uma preocupação com a raça em si, e sim uma angústia com a heterogeneidade do povo brasileiro. Era preciso de alguma maneira nivelar. Era preciso que houvesse um povo homogêneo. Aparentemente, tudo teria mudado quando Gilberto Freire teve a boa ideia de converter o conceito de raça no de cultura. O Brasil é o produto do caldeamento, não de três raças, mas de três culturas que vão se miscigenar e um dia vai surgir o quê? Variedade cultural? Não. Vai surgir um tipo cultural homogêneo baseado nas características dessas três culturas e tão próximo quanto possível dos valores ideais que para Gilberto Freire eram os do sistema patriarcal.

Havia, portanto, uma verdadeira obsessão pela homogeneidade. Esse extremo universalismo não nos convém. Quem sabe se nos movermos para o polo oposto, o diferencialista, vamos encontrar uma resposta aos dilemas colocados pelo universalismo vazio e abstrato. O diferencialismo extremo é igualmente inaceitável. Afinal, pertencemos a uma só espécie, temos uma natureza comum, que em toda parte organiza suas condições de existência pelo trabalho e pela razão. Hoje em dia é até meio fora de moda falar em natureza humana. De tal maneira essa expressão foi usada num sentido metafísico, até conservador, que as pessoas acham que é uma expressão reacionária. Não se esqueçam, entretanto, que quem mais a usou foi Marx, que dizia que existe, sim, uma natureza humana. Em toda parte, o homem organiza suas condições de produção e de reprodução por meio de um metabolismo com a natureza. Em toda parte, trabalha no interior de um determinado modo de produção. Nesse ponto, não existem diferenças culturais, não existe diferença entre a cultura xavante e a pomerana.

Outro autor que normalmente não é suspeito de idealismo, Freud, também fala numa natureza humana universal, na medida em que todos os homens, de todas as latitudes, longitudes ou climas, são dotados de um aparelho funcional idêntico. Para se tentar buscar as diferenças, é preciso partir da ideia de que existe, apesar de tudo, um núcleo mínimo homogêneo, de uma natureza humana comum.

## UNIVERSALISMO CONCRETO E DIVERSIDADE CULTURAL

Hoje em dia, a ideia diferencialista é defendida sobretudo pelos antropólogos. Apesar de a antropologia ter nascido num quadro universalista, na época vitoriana, no século XIX, ultimamente passou a se movimentar com mais desenvoltura no novo campo do particularismo. A ideia do relativismo cultural da antropologia é famosa. Seu *leitmotiv*, sua maneira essencial de trabalhar, é o relativismo cultural, isto é, dizer que cada cultura tem a sua especificidade, nenhuma é irredutível às outras, todas são incomensuráveis entre si. Não se podem aplicar a uma cultura as normas e os valores que vigem em outra, porque cada uma é uma totalidade fechada. Se pensarmos um pouco, veremos que uma posição tão diferencialista, tão extrema, é igualmente problemática.

Alguns exemplos extremos podem ser dados. Digamos que uma seita religiosa advogue ou pratique o canibalismo e os sacrifícios humanos. Podemos tolerar essas práticas em nome do princípio de que não podemos aplicar a outras culturas os valores que preponderam na cultura hegemônica? Há mil exemplos desse tipo. O tema é muito discutido na Europa, nos Estados Unidos e está sendo discutido no Brasil também. Certas aberrações que notamos em outras culturas são culturalmente condicionadas. Achamos tais práticas aberrantes porque a nossa cultura não as aceita ou existe uma certa universalidade que nos permita fazer um julgamento transcultural? Um exemplo em que esse julgamento transcultural se impõe é a prática da mutilação clitoridiana que existe em certas culturas. Podemos aceitar, em nome do princípio da diferença cultural, que o respeito pela integridade física da mulher é uma característica exclusiva de nossa cultura e que não seria justo aplicá-lo a culturas que praticam a incisão clitoridiana? Tenho a impressão de que nenhum de nós no Brasil aceitaria como válida uma prática de

IDENTIDADE E GLOBALIZAÇÃO

discriminação clara, brutal, contra a mulher, sob a alegação de que faz todo sentido na respectiva cultura. Não acharíamos normal que, como em certas regiões da Itália — falemos na Itália para não falar em regiões geográficas mais próximas — as mulheres adúlteras sejam executadas pelos maridos. Podemos dizer que isso é aceitável porque na Calábria ou, digamos, na cultura siciliana é considerado aceitável? Ou podemos, sim, ousar fazer um julgamento transcultural?

A questão que está sendo levantada na França, atualmente, tema da maior atualidade, é a da proibição do uso do véu islâmico nas escolas em nome do princípio republicano da separação entre Igreja e Estado. O assunto está tendo desdobramentos recentes, houve até um sequestro de jornalistas franceses, cuja condição de libertação é que a França deixe de pôr em prática essa lei, que já foi votada pelo Parlamento há algum tempo. Talvez não seja um bom exemplo, porque parece que nesse caso os franceses exageraram. Não é tão grave assim o uso do véu islâmico. Da mesma maneira que não é grave que uma moça católica use um crucifixo, o que também representa no fundo uma violação do princípio republicano da separação entre Igreja e Estado. Talvez um pouco de flexibilidade nesse caso seja preciso, mas quem sabe o governo francês teme que esse seja apenas o início de um longo processo em que o valor republicano fundamental da separação entre Igreja e Estado vá sendo erodido por meio do uso de símbolos religiosos, como, por exemplo, o véu islâmico.

Uma discussão famosa nesse campo é a questão dos direitos humanos. Vimos como a doutrina dos direitos humanos nasceu no Iluminismo europeu e foi consagrada na Revolução Francesa, que publicou em 1789 uma Declaração Universal dos Direitos do Homem. Essa ideia da universalidade dos direitos está sendo ativamente contestada

## UNIVERSALISMO CONCRETO E DIVERSIDADE CULTURAL

— na China, na Malásia, em Cingapura. Há uma concentração geográfica a tal ponto que se fala hoje em dia nos valores asiáticos. Certos países refutam a teoria dos direitos do homem, dizendo que nasceu na Europa e que a tentativa de aplicá-la a regiões não europeias é uma extrapolação etnocêntrica e imperialista.

Um economista que ganhou o Prêmio Nobel em 1998, Amartya Sen, que escreveu muito sobre temas econômicos, sociológicos e sobre os direitos humanos, diz que essa tese é um verdadeiro desrespeito, porque significa de alguma maneira dizer que só os europeus têm o privilégio de valores como a tolerância, a justiça e a liberdade. É uma maneira de dizer, portanto, que esses valores não existem na Malásia ou na China, o que é historicamente falso. Cita vários casos de chefes de Estado e de governo na Ásia que foram precursores em matéria de ideais iluministas, que muito antes dos ocidentais defenderam valores de liberdade, tolerância e igualdade. Foi o caso do imperador Ashoka, no terceiro século antes de Cristo, que já defendia ideais de liberdade e de tolerância quando os ingleses provavelmente ainda moravam em árvores. Ou o imperador grão-mogol Akbar, que há 400 anos defendeu o princípio de igualdade e de tolerância numa época em que a Inquisição ainda não tinha sido eliminada e em que Giordano Bruno estava sendo queimado na Itália. Ou o sultão muçulmano Saladino, que ofereceu refúgio ao judeu Maimônides, perseguido pelos cristãos espanhóis. Afirmar, diz Sen, que os valores de liberdade, igualdade etc. são exclusivamente ocidentais é uma falta de respeito com as próprias culturas asiáticas.

É importante, portanto, examinar com cuidado a tese diferencialista, depurando-a do que tem de excessivo e retendo-a no que ela tem de válido. Mesmo que Sen não tenha razão na sua distribuição geográfica dos valores ilumi-

## IDENTIDADE E GLOBALIZAÇÃO

nistas, mesmo que se admita que os defensores da tese asiática tenham razão ao dizer que a Declaração Universal dos Direitos do Homem nasceu na Europa, isso tem a ver com a gênese, não com a validade. O fato de que a declaração de 1789 tenha sido proclamada por uma Assembleia Nacional Constituinte em que praticamente só havia representantes do Terceiro Estado não significa que seja uma declaração burguesa, apesar de ter sido gerada pela burguesia, pois o foi no sentido genético, mas gênese e validade nada têm a ver.

A validade universal é importante até para colocar no banco dos réus os próprios países ocidentais. A política externa americana não resiste a uma análise à luz da Declaração dos Direitos do Homem. Ultimamente, os Estados Unidos e outros países ocidentais podem ser condenados pelo tribunal da história e o documento de base é a Declaração dos Direitos do Homem. O unilateralismo dos Estados Unidos, a arrogância com que violaram e espezinharam todos os preceitos do direito internacional são crimes condenáveis à luz da Declaração dos Direitos do Homem. Como então dizer que esses direitos são ocidentais? Ou que essas teorias representam o ponto de vista ocidental? Não. Seria uma imprudência, em nome de um reducionismo culturalista, levar longe demais a tese de que determinadas ideias só têm validade no seu solo de origem. Gênese é uma coisa e validade é outra.

A análise feita mostra as insuficiências dos extremos polares. Não nos serve o universalismo igualitarista, porque é vazio, não nos serve o diferencialismo, porque é igualmente abstrato. Qual seria a solução? Existe um terceiro caminho? Existe, e é o que eu chamaria de o universalismo concreto. É possível conviver com todas as diferenças, desde que elas respeitem um núcleo mínimo de normas e princípios comuns, de princípios universais aplicados a

## UNIVERSALISMO CONCRETO E DIVERSIDADE CULTURAL

todas as culturas; a partir daí, o pluralismo, a diversidade, a variedade cultural. Em outras palavras, todos os particularismos culturais podem florescer, contanto que se subordinem a uma cultura política comum, consubstanciada numa constituição democrática. Uma das regras do jogo democrático é que todas as culturas são livres de desdobrar-se em sua multiplicidade, mas que em caso de conflito os princípios universais devem prevalecer sobre os particulares. Assim, as medidas de discriminação contra a mulher, no exemplo que dei anteriormente, jamais podem ser aceitas, qualquer que seja a cultura em que elas estejam institucionalizadas. Longe de opor-se ao princípio da variedade cultural, o universalismo concreto dá-lhe condições de viabilidade, facilitando a coexistência não antagonística de culturas que de outro modo poderiam hostilizar-se.

Duas coisas devem ser ditas para finalizar. A primeira é um corolário do tópico anterior. Sem o estado democrático de direito não há como falar em diversidade cultural. Os documentos que tenho lido sobre diversidade cultural parecem tomar a democracia como um dado da natureza, algo relativamente importante que existe e sempre existirá. Essa é uma atitude perigosa. A democracia é uma flor frágil que muitas vezes teve de ser regada com o sangue dos que lutaram por ela. Então, é preciso não banalizá-la, não *take it for granted*, como se diria em inglês. Sem ela não há como pensar em variedade cultural.

Quase todos os explicadores do Brasil acima mencionados tiveram uma atitude de indiferença com relação à democracia, como no caso do Sérgio Buarque de Holanda. Gilberto Freire falava em democracia social, mas não em democracia política, o que nunca foi o seu forte. Temos com relação à democracia uma aliança satânica (por oposição à Sagrada Aliança) da direita com a esquerda, numa atitude de indiferença ou hostilidade larvar, subcutânea.

## IDENTIDADE E GLOBALIZAÇÃO

Para a direita, a democracia é uma coisa inadequada num país como o Brasil, ou por razões elitistas, porque o povo não sabe votar, ou por razões ligadas à sua falta de autenticidade, uma criação cultural estrangeira sem raízes na realidade nacional. Foi o argumento usado em parte por Sérgio Buarque de Holanda, dizendo que a democracia, os direitos humanos e o estado de direito eram uma construção ibérica mais ou menos formalista. Foi o caso de autores que em geral consideravam que a democracia não tinha viabilidade. A posição da esquerda era que a democracia seria mera fachada formal burguesa de uma dominação de classes. Em ambos os casos há uma certa indiferença, atitude que só muito recentemente está sendo superada por uma valorização mais positiva. É preciso pensar na democracia, na sua fragilidade! É preciso falar em democracia! É preciso falar em democracia racial, sim, mas é preciso falar em democracia política também, sem a qual a racial não tem condições de existir.

O debate recente com relação ao filme *Olga* ilustra a fragilidade da posição do Brasil com relação à democracia, até dos críticos e dos intelectuais. A figura de Vargas é altamente complexa. Existem vários Vargas: o que foi eleito democraticamente em 1950, o deposto por uma conspiração udenista antidemocrática, o que criou a Consolidação das Leis do Trabalho, contribuindo para uma visão mais social da política no Brasil, o que lançou as bases da industrialização brasileira ao criar a usina siderúrgica de Volta Redonda. Tudo isso é verdade. Mas não é só isso. Existe também o Vargas que governou o país ditatorialmente durante vários anos e criou uma Gestapo brasileira, a polícia política de Filinto Müller, que nada ficava a dever à alemã. Esse homem deve ser visto de uma maneira diferenciada, com aspectos positivos e negativos. Mas, em geral, no julgamento das elites culturais brasileiras, Vargas sai absolvi-

## UNIVERSALISMO CONCRETO E DIVERSIDADE CULTURAL

do, não aparecendo como uma figura ambivalente. Seu lado ditatorial é tido como um pecado venial. Só pode dizer isso quem acha que Volta Redonda era mais importante do que a manutenção da liberdade, uma atitude completamente inadequada e perigosíssima, por subestimar a democracia. O chão sociológico para a existência da diversidade cultural é a existência de um estado de direito democrático, que permita organizar a coexistência não conflitiva, não antagonística entre as diversas culturas.

A segunda coisa que deve ser dita é sobre a questão da miscigenação. O sincretismo foi usado muitas vezes numa perspectiva que consideraríamos hoje pouco válida. A própria ideia da mestiçagem da democracia racial é uma maneira disfarçada, no fundo, de impedir a variedade cultural, na medida em que haveria uma interpenetração das diversas culturas. O modelo que o Brasil pode oferecer nessa discussão sobre a globalização é que o país é autor de uma experiência extremamente bem-sucedida de hibridação. Isso foi dito no sentido ideológico durante muito tempo, mas há vezes em que a ideologia tem razão. A ideologia da hibridação, da miscigenação racial, é uma coisa importante. É importante que hoje em dia frequentemos um terreiro de macumba, onde vemos uma senhora chamada Maria Padilha (amante de um rei de Castela, dom Pedro, o Cruel) que desfila todas as noites sob o nome de Pombagira. É importante que haja essas pontes, com a Europa e com o mundo, pontes no tempo e no espaço. Casei-me com uma moça chamada Bárbara, que é uma santa da Ásia Menor e que também está presente sob a forma de Iansã em muitos terreiros brasileiros. A ideia do sincretismo é importante, deve ser mantida e devemos ir com muito cuidado na adoção do modelo americano do multiculturalismo, que parte de uma experiência histórica diferente, a experiência da não mistura das diversas etnias. E

## IDENTIDADE E GLOBALIZAÇÃO

talvez deva ceder lugar ao modelo mais autenticamente brasileiro que é o da interpenetração, do hibridismo, da miscigenação. Nisso teremos muita coisa a oferecer. Até miscigenação com relação ao estrangeiro, que tem de ser repensada. O nacionalismo tem dimensões várias, mas a xenofobia não pode ser aceita. Se tivesse de optar entre dois males, uma atitude de abertura cultural que trouxesse em si o risco da invasão cultural estrangeira e uma de fechamento que levasse à esterilização da cultura brasileira, talvez eu optasse pelo primeiro. É mais importante correr o risco de uma abertura cultural que possa acarretar uma invasão cultural estrangeira do que o fechamento autárquico, porque a experiência histórica já mostrou amplamente que o Brasil tem capacidade de absorver, antropofagicamente ou não, o outro. O bispo Sardinha continua sendo deglutido. Não é possível imaginar o surgimento da bossa nova sem que os seus autores conhecessem e apreciassem o jazz americano. Não se pode conceber o advento do cinema novo se Glauber Rocha tivesse sido proibido de ler *Cahiers du Cinéma*. É preciso levar com muito cuidado essa atitude de preocupação que existe em vários documentos oficiais ou semioficiais que circulam hoje em Brasília. Precisamos nos preocupar, sim, com a questão da hegemonia cultural, mas muito mais com uma atitude de abertura criadora com relação a todas as produções culturais, nacionais ou estrangeiras.

## Notas

1.   Texto extraído do livro *Diversidade cultural brasileira*, organizado por Antônio Herculano Lopes e Lia Calabre (Rio de Janeiro, Edições Casa de Rui Barbosa, 2005, p. 99-

## UNIVERSALISMO CONCRETO E DIVERSIDADE CULTURAL

112), a partir de palestras apresentadas na série de encontros realizada em 2004 para discussão do tema. Agradecemos à pesquisadora Rachel Valença, da Fundação Casa de Rui Barbosa, pela cessão do texto.

2. Diplomata, cientista político e ensaísta.

# Diferença e identidade: A crítica pós-estruturalista ao multiculturalismo[1]

Sérgio Costa[2]

A intensificação sem precedentes dos intercâmbios materiais e simbólicos entre as diversas regiões e grupos socioculturais que compõem a sociedade evidenciou as dificuldades para que a nação pudesse continuar operando como um núcleo cultural comum, em torno do qual se articularam, historicamente, a "solidariedade entre estranhos" (Brunkhorst, 2002)[3] e a negociação e adesão a um conjunto de normas válidas para toda a comunidade política. Com efeito, fluxos migratórios e os diversos movimentos de resistência à pressão homogeneizadora de uma cultura material global produziram, no âmbito de cada nação particular, um leque de formas de vida, valores e opções culturais de tal forma amplo e variado que qualquer apelo à identidade nacional unitária mostra-se hoje anacrônico e fora de foco.

Em face de tal contexto, o multiculturalismo e o correlato reconhecimento e mesmo encorajamento da diversidade cultural deslocam-se das margens para o centro do debate acadêmico, ganhando, ainda, um prestígio crescente nos processos de formulação de políticas públicas. Desde a década de 1980, a ampla discussão em torno de concepções variadas de multiculturalismo permitiu o surgimento de um debate político e acadêmico amplo e denso e a diferenciação de linhas de argumentação claras, cada uma delas ligada a tradições robustas do pensamento político.

Não obstante, estudos mais recentes vêm apresentando desafios profundos para as concepções multiculturalistas. Trata-se, fundamentalmente, de contribuições ligadas aos estudos culturais e pós-coloniais, as quais vêm revelando que, seja no nível do debate acadêmico, seja enquanto política pública, o multiculturalismo está sustentado sobre uma concepção essencialista de identidade. Segundo tal crítica, que busca sua fundamentação teórica na concepção pós-estruturalista de diferença, o multiculturalismo nos distintos matizes está apoiado numa ficção sem qualquer base empírica, qual seja, a ideia de que há uma *identidade profunda* e autêntica, anterior à política e às negociações sociais. Para tais críticos, só se pode falar de identificações *ad hoc*, constituídas no âmbito mesmo do jogo político. Nesse sentido, as políticas multiculturais não se prestariam à preservação e promoção de identidades culturais preexistentes. Ao contrário: os discursos e as políticas multiculturalistas devem ser considerados, mais adequadamente, como parte fundamental da estrutura de oportunidades que orienta as opções identitárias e, portanto, não constituem formas de representação política de identidades preexistentes no âmbito social. É a existência de tais políticas que cria essas identidades.

A despeito de sua radicalidade e pertinência, tais críticas não vêm sendo adequadamente processadas nem no âmbito das discussões acadêmicas nem no da formulação de políticas multiculturais. Tal se deve em parte à divisão das áreas disciplinares: enquanto o debate sobre o multiculturalismo teve seu desenvolvimento mais expressivo no campo da filosofia política, as críticas mais contundentes ao multiculturalismo provêm de estudiosos da cultura, sem que haja zonas claras de interseção entre esses dois campos de discussão.

Assim, o presente texto, ao tratar da crítica pós-estruturalista ao multiculturalismo, não documenta um debate

DIFERENÇA E IDENTIDADE

em curso num campo institucional determinado, nem uma discussão que esteja estruturada na forma de críticas e réplicas. Trata-se aqui de aludir sumariamente a uma discussão necessária, mas ainda muito incipiente, buscando-se avaliar, de maneira ainda muito experimental e exploratória, as consequências da crítica pós-estruturalista para as concepções e políticas do multiculturalismo.

Na primeira seção do artigo, passa-se em revista alguns dos argumentos centrais de defesa do multiculturalismo. A apresentação é sumária e seletiva, restringindo-se a alguns argumentos apresentados por autores das vertentes multiculturalistas comunitarista e liberal. A segunda seção resume a concepção pós-estruturalista de identidade e a crítica ao multiculturalismo que dela decorre. Por último, na seção conclusiva, defende-se a proposta de um multiculturalismo autocontido, mostrando por que ele ainda é necessário.

## OS MULTICULTURALISMOS[4]

O multiculturalismo pode ser entendido tanto como um conceito empírico que expressa a existência, no interior de uma mesma comunidade política, de diferentes grupos socioculturais — que desenvolvem práticas, relações, tradições, valores e identidades culturais (individuais e coletivas) distintas e próprias — quanto como denominação de um campo de debates no interior da filosofia política e da política contemporânea.

Como manifestação empírico-política, o multiculturalismo remete à reivindicação de reconhecimento público, em geral por meio do Estado, de que determinados grupos têm preferências e necessidades especiais que precisam se materializar em direitos coletivos específicos, vale dizer,

37

IDENTIDADE E GLOBALIZAÇÃO

não podem ser contempladas no corpo da cidadania universal e indiferenciada que cabe a todos os membros de um Estado-nação particular.

No interior do debate acadêmico, as discussões em torno do multiculturalismo vão além da mera constatação de que determinados grupos constituem, efetivamente, comunidades com características culturais próprias e demandas de reconhecimento especiais. Tal é amplamente partilhado. O que se discute é a compatibilização da concessão de direitos coletivos com o princípio da igualdade jurídica.

As diferentes concepções de multiculturalismo presentes no debate político e teórico contemporâneo podem ser agrupadas em duas grandes correntes: o multiculturalismo liberal e o multiculturalismo comunitarista. As duas correntes enfatizam a importância da pertença cultural e a necessidade de que o Estado busque preservar e estimular os vínculos entre os indivíduos e seus grupos culturais. Não obstante, usam argumentos distintos, num certo sentido contrários, para defender tais princípios.

Em linhas gerais, os comunitaristas defendem a precedência ontológica da comunidade cultural de pertença em relação ao indivíduo. Conforme tal concepção, os valores e fins reconhecidos e perseguidos por indivíduos só podem ser compreendidos adequadamente quando são tratados como produto do contexto cultural no qual o indivíduo se encontra enraizado (Taylor, 1993; Sandel, 1982). Decorre daí uma visão particular da autonomia individual: essa é entendida não como consequência de um conjunto de preferências e objetivos que cada indivíduo estabelece para si, a partir de um jogo livre de escolhas. A autonomia é entendida como um processo de autodescobrimento, isto é, como atualização e concretização das disposições axiológicas e culturais, de algum modo, aprendidas junto ao grupo de pertença.

DIFERENÇA E IDENTIDADE

Para os multiculturalistas liberais, as diferenças culturais não têm um valor intrínseco, intocável. Tradições e repertórios culturais só são valorizados porque conformam referências importantes para as escolhas individuais. Isto é, a manutenção da diversidade cultural para os liberais só tem sentido na medida em que os indivíduos, a partir de seus juízos e processos próprios de reflexão e formação de preferências, reconheçam-se nos repertórios culturais, usando-os como parte constitutiva do exercício de sua autonomia individual (Raz, 1994; Kymlicka, 1989; Kymlicka, 1995).[5]

Quanto à constituição do *self*, os argumentos comunitaristas enfatizam a afirmação de que os indivíduos são seres sociais cujas identidades são moldadas pelas práticas, relações e narrativas comuns da comunidade em que estão imersos. Esses argumentos visam a criticar a visão liberal atomística de que a racionalidade e o poder moral da autonomia nas escolhas individuais e na formação da identidade sejam dados fora da sociedade, ontologicamente anteriores, portanto, à vida social. Conforme os comunitaristas, o *self* é construído por fins que ele não escolhe, mas que descobre em função de sua existência incorporada em contextos culturais compartilhados. Trata-se, portanto, de buscar desvendar os nexos existentes entre a experiência do reconhecimento (que inclui também o falso e a falta de reconhecimento) e a formação da identidade, apresentando duas formas interligadas do discurso do reconhecimento: a esfera íntima — em que a formação da identidade tem lugar num processo dialógico no que as relações com os "outros significantes" são essenciais ao autodescobrimento e à autoafirmação individual — e a esfera pública — e a interpretação de que a identidade se constitui num diálogo aberto (Taylor, 1993).

Para liberais como W. Kymlicka e J. Raz, há duas razões para justificar a convicção de que a pertença cultural é cru-

## IDENTIDADE E GLOBALIZAÇÃO

cial para o bem-estar dos indivíduos. Primeiro, mostram que fornece aos indivíduos escolhas significativas sobre como conduzir suas vidas, no sentido de que a familiaridade com uma cultura indica os limites do que é razoável desejar. O segundo argumento afirma que a pertença cultural tem um papel importante na identidade dos indivíduos, aparecendo como espaço primário de identificação, isto é, a pertença e a identidade cultural fornecem aos indivíduos um fundamento para a autoidentificação. Consequentemente, a comunidade política teria a função de proteger e estimular a diversidade cultural e, em alguns casos, reconhecer os direitos de grupos culturais minoritários, para que os cidadãos possam constituir sua identidade individual e contar com um contexto cultural que empresta razão e sentido a suas escolhas pessoais.

Kymlicka (1995) procura ainda mostrar como a moralidade política liberal é sensível ao modo como a vida particular e as deliberações morais são relatadas e situadas num contexto social compartilhado, o que faz da cultura um bem primário para a autodeterminação da vida individual. Reconhece que os fins e as concepções individuais do bem são formados e afirmados em sociedade; todavia, assinala a importância da liberdade e capacidade dos indivíduos de distanciar-se das práticas e das estruturas culturais para poderem formar, revisar e reformar suas crenças acerca dos significados e dos planos de vida. Nessa concepção liberal, portanto, o processo de autodescobrimento, a consciência e o reconhecimento das várias ligações e pertenças culturais não substituem ou impedem que os indivíduos exerçam sua autonomia, julgando, individualmente, os propósitos e obrigações herdadas de seu grupo sociocultural de pertença.

Dessas diferentes visões da relação entre diversidade cultural e autonomia individual decorrem interpretações radicalmente distintas da forma como o Estado deve atuar na preservação das diferenças culturais. Para os liberais, o Esta-

DIFERENÇA E IDENTIDADE

do deve preservar sua neutralidade, entendida aqui como neutralidade de objetivos. Isto é, não cabe ao Estado normatizar um vínculo de pertença a grupos culturais que se coloque acima das escolhas pessoais. O que compete às instituições públicas é preservar os diferentes acervos culturais para que os indivíduos possam recorrer a eles, na medida de seus interesses e de suas opções. Para os comunitaristas, em contrapartida, a diversidade cultural é um bem público, o qual cabe ao Estado preservar, independentemente das escolhas individuais. Admitem, por isso, o vínculo compulsório de indivíduos a determinados grupos culturais, de sorte a permitir que as culturas possam continuar existindo, mesmo que os supostos membros daquelas comunidades recusem a pertença cultural que lhes é atribuída.

No plano da política, de forma geral, e das políticas públicas, em particular, as discussões em torno do multiculturalismo floresceram em diversos contextos, de forma mais ou menos simultânea, fazendo com que o imperativo do respeito à diversidade cultural se tornasse um elemento nodal daquilo que John Meyer (2005) chama de cultura global.[6] Permitam-me mencionar, a título de ilustração do argumento aqui desenvolvido, dois contextos distintos, nos quais os debates em torno do multiculturalismo avançam, recentemente, para o centro das disputas políticas.

O primeiro contexto é a América Latina na década de 1990, quando, em países como Equador, Bolívia, Guatemala e México, as lutas em torno do reconhecimento de minorias étnicas (não necessariamente no sentido demográfico) promovem uma completa reconfiguração das políticas nacionais (Dávalos, 2005).

Outro contexto no qual o multiculturalismo passa à ordem do dia é a Europa, sobretudo a partir da década de 1990. Não obstante, nos últimos anos, ganharam força discursos nacionalistas e xenófobos que buscam afirmar a

IDENTIDADE E GLOBALIZAÇÃO

existência de um vínculo causal entre as concessões multi-culturalistas e novas ameaças, como o terrorismo e o aumento da criminalidade, fazendo com que os debates em torno do reconhecimento da diversidade cultural tenham sofrido um notável retrocesso nos diferentes países europeus (de Laforcade, 2006; Ecri, 2006).

## A CONCEPÇÃO PÓS-ESTRUTURALISTA DE IDENTIDADE[7]

As concepções pós-estruturalistas de identidade descartam qualquer possibilidade de um sujeito, seja individual, seja coletivo, anterior à política. Por isso, em contraposição às construções identitárias homogeneizadoras que buscam aprisionar e *localizar* a cultura, preferem tratar da ideia da diferença, articulada, contextualmente, nas lacunas de sentido entre as fronteiras culturais. Diferença aqui não tem o sentido de herança biológica ou cultural, nem de reprodução de uma pertença simbólica conferida pelo local de nascimento, de moradia ou pela inserção social, cultural etc. A diferença é construída no processo mesmo de sua manifestação, isto é, ela não é uma entidade ou expressão de um estoque cultural acumulado, é um fluxo de representações, articuladas *ad hoc*, nas entrelinhas das identidades externas totalizantes e essencialistas — a nação, a classe operária, os negros, os migrantes etc. Nesses termos, mesmo a remissão a uma suposta legitimidade legada por uma tradição "autêntica" e "original" deve ser tratada como parte da perfor-matização da diferença — no sentido linguístico do ato enunciativo e no sentido dramatúrgico da encenação.

Tal reivindicação de legitimidade precisa ser entendida a partir da contextualidade discursiva em que se insere. Como mostra Bhabha (1994: 2):

DIFERENÇA E IDENTIDADE

Termos do engajamento cultural, sejam eles antagonistas ou de filiação, são produzidos performativamente. A representação da diferença não tem de ser interpretada apressadamente como um conjunto *pré-fornecido* de caracteres étnicos ou culturais no âmbito de um corpo fixo da tradição. Da perspectiva da minoria, a articulação social da diferença representa uma complexa negociação em curso que busca autorizar os hibridismos que aparecem nos momentos de transformação histórica. O "direito" de significar a partir da periferia do poder autorizado e privilegiado não depende da persistência da tradição; tal direito está fundado no poder da tradição de ser reinscrita por meio das condições de contingência e contradição que respondem às vidas daqueles que "estão em minoria". O reconhecimento que a tradição louva é uma forma parcial de identificação. Retomando o passado, tal reconhecimento introduz outras temporalidades culturais na invenção da tradição. Esse processo torna estranho qualquer acesso imediato a uma identidade original ou tradição "recebida".

A afirmação da diferença, conforme descrita por Bhabha, não pode ser entendida como ação social, nos termos usados normalmente pelas teorias sociológicas da ação, uma vez que a ação não pode ser inscrita numa narrativa teórica. Isto é, não se verifica em Bhabha uma relação decifrável entre ação e estrutura, nem um alinhamento entre *self* e sociedade que pudesse ser decodificado num modelo sociológico generalizante: "Não pode haver qualquer *fechamento* discursivo da teoria" (Bhabha, 1994: 30; ver também McLennan, 2000: 77; McLennan, 2003). Mesmo a ideia de sujeito precisa ser compreendida fora dos cânones das ciências sociais. A rigor, Bhabha evita a remissão à ideia de um sujeito que seja definido pelo vínculo a um lugar na estrutura social ou que seja caracterizado pela defesa de um conjunto determinado de ideias. O sujeito é sempre provisório, circunstancial e cingido entre um sujeito falante e um sujeito "falado", reflexivo. O segundo nunca alcança o primeiro, só pode sucedê-lo.

A concepção de diferença formulada tanto por Bhabha quanto por Stuart Hall decorre da noção de *différance*, conforme a acepção de Derrida. Sem poder me estender aqui num debate ainda muito vivo e com desdobramentos para campos tão diversos quanto a teoria feminista, o direito internacional e as teoria da cultura, registre-se que, ao cunhar o neologismo *différance*, como corruptela do vocábulo francês *différence* (diferença), Derrida (1972) indica a existência de uma diferença que não é traduzível no processo de significação dos signos, nem organizável nas polaridades identitárias — eu/outro, nós/eles, sujeito/objeto, mulher/homem, preto/branco, significante/significado. Tais distinções e classificações binárias constituem o modo ocidental, logocêntrico, de apreender o mundo e a base das estruturas de dominação modernas. Criam, ainda, a ilusão de representações completas que não deixam resíduos. A incompletude das representações encontra-se, contudo, assente na própria linguagem, visto que significantes e significados nunca se correspondem inteiramente.

A *différance* remete ao excedente de sentido de que não foi nem pode ser significado e representado nas diferenciações binárias. Tal não deve sugerir um novo binarismo entre, de um lado, uma realidade completa anterior, como o ser anterior pré-linguístico, e, de outro, sua representação linguística, parcial, reduzida. Não há uma realidade anterior ao discurso, a realidade social é construída pela linguagem e, nesse sentido, a *différance* só pode se constituir na órbita do discurso. A noção de *différance* rompe, precisamente, com a ideia da diferença preexistente, onto-

DIFERENÇA E IDENTIDADE

lógica, essencial que pode ser apresentada e representada, discursivamente. A *différance* se constitui no ato de sua manifestação, no âmbito da trama mesma de representações, diferenças e diferenciações. Também o sujeito se descentra. Ele se constitui nas cadeias móveis de significação, a rigor é parte delas: ele não é anterior à linguagem, nem constitui uma entidade e uma identidade independente, tampouco é aquele que, como se poderia pensar, age sobre a *différance*, buscando preencher as "sobras" de sentido que elas expressam, (re)constituindo as totalidades. Não se trata de sujeitos inseridos numa estrutura, mas de cadeias de significações nas quais sujeitos e estruturas têm o status similar de sinais flutuantes que ganham e perdem sua significação — sempre incompleta — no jogo semântico da diferenciação.[8]

A radicalidade contida na ideia de *différance* e na diluição da oposição entre sujeito e estrutura operada por Derrida é, conforme entendo, interpretada ou, melhor talvez, operada de maneira distinta por Bhabha, de um lado, e Hall, de outro. Ambos os autores se apoiam no pós-estruturalismo para escapar da ideia da identidade fixa, essencial, seja ela impingida ou autoatribuída. A diferença é aqui uma "categoria enunciatória". Com efeito, o pós-estruturalismo tem, em ambos os casos, uma importância central na desconstrução de discursos polares que oponham um eu a um outro, um nós a um eles. Isso vale tanto para o discurso colonial-imperialista quanto para o nacionalista, quanto ainda para o multiculturalista, malgrado suas boas intenções. Em todos os casos, a diferença é celebrada como identidade homogênea, semelhança (*sameness*) irredutível, posto que se estabelece aqui uma correspondência entre uma inserção sociocultural numa estrutura pré-discursiva e um lugar enunciatório determinado no jogo linguístico ou político. Com isso, a diferença é

## IDENTIDADE E GLOBALIZAÇÃO

domesticada, homogeneizada, aprisionada em uma nova fronteira, perdendo precisamente seu caráter imprevisível, incerto, contingente, do qual decorrem, para Bhabha e Hall, suas possibilidades subversivas. No lugar de identidade, os autores preferem falar de identificação, como posição circunstancial nas redes de significação (Hall, 1996b: 2ss; Bhabha, 1995, 1996).

Bhabha, contudo, parece levar até as últimas consequências a contingência dos jogos linguísticos nos quais as diferenças são constituídas e negociadas. Não me parece autorizada a recepção que dele fazem intelectuais ligados aos movimentos sociais (imigrantes, feministas), procurando depreender do autor uma teoria da transformação social, na qual se destaca um sujeito "negociador" de diferenças com o fim da resistência política e da subversão das relações de dominação. O congelamento de um lugar enunciatório como subversivo ignora o caráter contingente da agência, peça fundamental da argumentação de Bhabha. Como se destacou acima, a ressignificação das relações de dominação, a possibilidade de resistência política, para Bhabha, está subordinada, irremediavelmente, ao princípio da casualidade: a resistência não pode ser um ato volitivo do sujeito, ela é sempre o resultado de interações contingentes.

Em contrapartida, Hall quer ir além dos jogos textuais da inscrição e reinscrição, buscando construir, sobre a ideia de sujeitos descentrados, uma sociologia política das negociações culturais.

Hall busca distinguir três concepções de sujeito: o sujeito cartesiano ou do iluminismo, autorreferido com uma identidade autocentrada e constituída pela razão; o sujeito da sociologia; e o sujeito descentrado. O sujeito da sociologia se constitui em suas relações com "'outros com significação', os quais transmitem ao sujeito valores, significados

DIFERENÇA E IDENTIDADE

e símbolos — a cultura — dos mundos que ela/ele habita. (...) O sujeito continua tendo uma essência interna nuclear, qual seja um 'eu verdadeiro', mas esse é formado e modificado em contínuo diálogo com mundos culturais 'externos' e com as identidades que tais mundos oferecem" (Hall, 1992: 275s). A concepção de sujeito descentrado decorre de desenvolvimentos teóricos diversos que produzem, em seu conjunto, a imagem de um sujeito que não tem uma identidade permanente ou essencial. A ideia de uma identidade completa e única revela-se uma fantasia ante a multiplicação dos sistemas de representação a nos confrontar com "uma fervilhante variedade de identidades possíveis" (Hall, 1992: 277). Nesse contexto, a sensação de que temos uma identidade unificada que nos acompanha por toda a vida nos é provida por uma "narrativa do *self*", por meio da qual se ressignifica o conjunto de nossas experiências a partir de um fio de coerência e continuidade.

A concepção de sujeito descentrado desenvolvida por Hall pode ser entendida como um desdobramento, na verdade um abrandamento, do projeto teórico de Foucault voltado para mostrar a subordinação dos sujeitos aos discursos. Para chegar à sua própria formulação, Hall (1996a, 1997) reconstrói a reflexão de Foucault, a partir dos trabalhos mais tardios do autor, de sorte a mostrar que esses indicam a produção dos sujeitos pelos discursos em dois sentidos diversos. O primeiro sentido está associado ao momento de construção e institucionalização, nas diferentes épocas, do discurso disciplinador que, ao enquadrar, constitui os diferentes sujeitos. Ao mesmo tempo, contudo, os discursos produzem um "lugar para o sujeito", na medida em que abrem espaço para um posicionamento de nossa parte. Ou seja, o discurso ganha sentido na medida em que nós nos posicionamos e, nessa forma, nos tornamos sujeitos, frente ao regime de verdade que uma determinada formação dis-

## IDENTIDADE E GLOBALIZAÇÃO

cursiva estabelece. Tal posicionamento não se confunde com autonomia e intenção do sujeito; ainda assim, permite, conforme Hall, identificar um momento, no processo de produção do *self*, marcado pela autoconstituição, pela *subjectification*.

Tal momento da autoconstituição, no âmbito da produção discursiva, do *self*, representa o fundamento da noção de sujeito descentrado postulada por Hall. Trata-se aqui de analisar a relação entre o sujeito e a formação discursiva de sorte a indicar os mecanismos que levam os indivíduos a se identificar ou não com determinadas posições, "bem como as maneiras como esses indivíduos marcam, estilizam, produzem e 'performam' tais posições (...) encontrando-se em constante e agonístico processo de lutar contra, resistir, negociar e acomodar-se às ordens regulativas ou normativas com as quais eles estão confrontados e que os regula" (Hall, 1996a: 13s)

Tal processo de formação dos sujeitos vale, conforme Hall, tanto para sujeitos coletivos quanto para sujeitos individuais. Não obstante, a referência a sujeitos coletivos não deve sugerir a ideia de grupos constituídos pré-discursivamente, a partir de condições objetivas, materiais e que, por assim dizer, estivessem à espera de um discurso que decifrasse sua condição comum e os constituísse como sujeitos. Sujeitos e discursos se formam simultaneamente ou de outra maneira: sujeitos só podem se articular a partir de discursos. Articulação permanece, contudo, para Stuart Hall, um conceito estritamente analítico-descritivo e que se aplica a qualquer forma de relação entre sujeito e formação discursiva, isto é, não qualifica *a priori* se determinada posicionalidade do sujeito reproduz as relações de dominação ou se tem um sentido de ressignificar as relações sociais.

Não há, no trabalho de Stuart Hall, um lugar normativo fora do discurso ou anterior ao jogo político, a partir

DIFERENÇA E IDENTIDADE

do qual se possam valorar as posições assumidas pelo sujeito. Tampouco há constantes normativas que funcionem como medidas de aferição daquilo que passa a ser "desejável". Tal impõe restrições óbvias às possibilidades de intervenção do Estado no jogo de construção e reprodução das diferenças, na medida em que qualquer política pública visa a produzir efeitos desejados e planejados a partir de uma leitura específica da realidade social e de uma concepção de justiça determinada. Hall privilegia, por isso, o que chama de política de representações e que tem não no Estado, mas nos agentes sociais seu pilar básico. Trata-se fundamentalmente de ações voltadas para "desestabilizar" estereótipos e adscrições, por meio da produção de "deslocamentos" em formas estabelecidas de decodificação de signos como negro, mulher, nação etc.

Essa concepção descentrada de sujeito e um conceito fluído de identidade que lhe é subjacente vêm orientando a análise crítica de políticas multiculturalistas em diferentes contextos. Assim, por exemplo, no caso da América Latina, autores como Walsch (2005) e Andolina *et al.* (2005) mostram, de forma convincente, como os movimentos e identidades indígenas que (re)emergem nos países andinos a partir dos anos 90 só podem ser adequadamente interpretados quando se leva em conta as múltiplas interações entre esses movimentos e os discursos e ações de redes transnacionais de movimentos sociais, além da presença de agências internacionais e multilaterais de cooperação e desenvolvimento, as quais, reagindo muitas vezes a pressões e demandas internas de seus países de origem, passam a enfatizar a defesa da diversidade cultural como parte de seus programas de ação. O que tais estudos evidenciam é que, ainda que os movimentos indígenas enfatizem em seu discurso a referência à ancestralidade e à autenticidade das construções identitárias que representam, o surgimento des-

## IDENTIDADE E GLOBALIZAÇÃO

sas só pode ser visto na articulação com um contexto de oportunidades políticas no âmbito nacional e transnacional. O objetivo desses trabalhos não é deslegitimar as reivindicações dos movimentos em tela, mas mostrar que sua legitimidade não pode ser deduzida da maneira mais ou menos fiel como dão materialidade a uma suposta identidade cultural autêntica. Identidade aqui é tratada como uma categoria política e, portanto, a legitimidade de reivindicações identitárias deve ser analisada a partir do processo de sua construção e representação política. Em outras palavras: legítimas e dignas de reconhecimento não são aquelas reivindicações que prometem reestabelecer de forma mais fiel e completa identidades ancestrais, mas aquelas que conseguem mobilizar de maneira mais efetiva a adesão crítica e reflexiva de seus potenciais portadores.

No caso dos debates em torno das políticas de imigração na Europa, essa concepção descentrada de identidade vem sendo usada como fundamento tanto para criticar as políticas que buscam restaurar as identidades nacionais quanto para aquelas multiculturalistas. Com efeito, autores como Gilroy (2001, 2004, 2005) e Pieterse (2004, 2007) vêm mostrando que, da mesma forma que as políticas nacionalistas que enfatizam a necessidade de integrar/assimilar os imigrantes a uma suposta cultura nacional dominante, as políticas multiculturalistas partem de uma noção de cultura como totalidade homogênea e da ideia de que a identidade étnica individual é uma entidade que existe, independentemente das situações efetivas de contato social. A essa concepção, os autores opõem um conceito dinâmico de cultura, o qual descarta tanto a homogeneidade das culturas nacionais quanto a referência à identidade étnica como um estoque prévio de disposições e preferências culturais. Trata-se mais propriamente de formas de articulação de uma determinada posicionalidade no bojo de uma

DIFERENÇA E IDENTIDADE

relação particular. Assim, dependendo do contexto, questões ligadas à etnicidade/identidade étnica podem se transformar no eixo principal a partir do qual os imigrantes articularão as posicionalidades assumidas numa interação determinada.

As alusões a identidades culturais nacionais, religiosas, regionais etc. contam na medida em que constituem formas estabelecidas e socialmente reconhecidas de organização discursiva de um repertório complexo e muito variado de atitudes, formas de comportamento, disposições culturais etc. Nesse sentido, referências, por exemplo, a turcos, latinos, alemães, muçulmanos, europeus têm importância para o convívio intercultural não porque definem *a priori* disposições identitárias coletivas e individuais que necessariamente se reproduzirão, como uma programação cultural inescapável, nas situações efetivas de interação, mas porque predeterminam expectativas das partes envolvidas e, nesse sentido, obrigam os envolvidos a se posicionar em relação a elas (Costa, 2006a: cap. 3 e 4).

Uma tal interpretação do processo de constituição da posição individual no âmbito da situação intercultural implica uma mudança no foco de interesse das investigações e das políticas relacionadas com a convivência intercultural. Se até o momento o que se buscou, em geral, foi mostrar como referências culturais acumuladas ao longo da vida constituem, previamente, uma identidade étnica específica que é reproduzida no âmbito das interações sociais, cabe agora mostrar como a identidade, ou melhor, a identificação individual é produzida *ad hoc*, no momento mesmo da interação, por meio da atualização de informações culturais acumuladas. A seleção das informações que serão atualizadas e performadas não segue, todavia, qualquer lógica atávica inscrita no código da herança cultural. Essa seleção é sempre orientada pela configuração dos mecanismos que, numa interação específica, levam o indivíduo a assumir uma posição determinada. Assim, a interação intercultural ou o modelo de "cultura da convivência"[9] que vigora em cada caso específico sempre comportará, em proporções variáveis, a incorporação e/ou reação dos envolvidos às atribuições externas de um lugar determinado cultural particular (o não europeu, o muçulmano etc.) e o espaço de negociação *ad hoc* dos termos da interação.

## A MODO DE CONCLUSÃO

As concepções de identidade, aliás de diferença, desenvolvidas tanto por Homi Bhabha e Stuart Hall como por Paul Gilroy atingem as teorias multiculturalistas em pelo menos dois pontos nevrálgicos. O primeiro compreende a constituição do *self*, ou, mais genericamente, do sujeito.

Como vimos, para os multiculturalistas liberais, o *self* é anterior a seus fins, isto é, escolhe, julga e pode abraçar determinadas tradições, a partir de sua capacidade de distanciar-se, refletidamente, do meio social e cultural para agir racionalmente. Os multiculturalistas comunitaristas, por sua vez, indicam que o *self* se constitui a partir da autopercepção de disposições incorporadas ao longo do processo de socialização e que são, por assim dizer, atualizadas conforme as possibilidades de reconhecimento oferecidas pelo meio social e cultural. Num certo sentido, o *self* liberal corresponde ao sujeito cartesiano de que trata Hall, isto é, um ente capaz de despregar-se, pela razão, do contexto social. O *self* comunitarista, por sua vez, parece muito próximo do sujeito sociológico, conforme definido por Hall, qual seja, se constitui a partir das relações sociais que estabelece. Ambas as concepções aludem a um *self* centra-

## DIFERENÇA E IDENTIDADE

do, portador de um núcleo autêntico e genuíno que contrasta com o sujeito descentrado, conforme descrito por Hall ou Bhabha.

O segundo ponto vulnerável multiculturalista atingido pela crítica pós-estruturalista diz respeito à crença na possibilidade de representação política da identidade. Conforme se mostrou, para autores como Hall e Bhabha, o momento de representação da diferença é, ao mesmo tempo, o momento de construção, vale dizer, de articulação dessa. Não existe, na leitura pós-estruturalista, um ente social anterior à representação e que emergisse publicamente, em algum momento, para realizar uma presumida vocação política imanente. Discursos e sujeitos constituem-se simultânea e mutuamente. Portanto, quando uma minoria étnica ou outro grupo sociocultural qualquer comparece na esfera pública como unidade identitária, o que se tem aí não é a apresentação pública de algo que já existia de forma latente no seio social, mas uma junção circunstancial e contingente do discurso identitário com um grupo que passa a articular suas diferenças em torno de tal discurso. Em outro momento, esse mesmo grupo pode articular outras diferenças, a partir de outros discursos.

Nesse sentido, a representação institucionalizada da diferença pretendida pelas políticas multiculturalistas significa o aprisionamento e congelamento de algo — a diferença — que só pode ser móvel, flexível e variável. A atribuição pelo Estado, por exemplo, da identidade de negro ou membro de uma minoria étnica determinada implica, nessa visão, disciplinar a diversidade cultural e minar o processo de subjetivação. O sujeito só pode emergir na articulação fluída das diferenças.

A despeito das divergências diametrais que separam multiculturalistas e pós-estruturalistas, parece-me possível que os debates em torno do multiculturalismo absorvam com pro-

## IDENTIDADE E GLOBALIZAÇÃO

veito parte da crítica pós-estruturalista. Trata-se aqui, fundamentalmente, de assimilar as consequências, por assim dizer, metodológicas da crítica de autores como Bhabha e, sobretudo, Hall. Ao enfatizar o caráter discursivo das construções identitárias, tais autores chamam a atenção para a necessidade da adequada consideração do impacto de determinadas políticas públicas e outras formas de intervenção para a articulação e rearticulação dos grupos socioculturais. Isto é, no lugar de um Estado neutro que "apenas" fornece as condições de possibilidade para que determinados grupos socioculturais se representem politicamente, é preciso ter em mente que qualquer intervenção estatal refaz o mapa das negociações identitárias, inventando literalmente novos grupos socioculturais. Esse cuidado analítico de mapear e compreender a microssociologia das relações culturais e o impacto sobre ela das intervenções do Estado é inteiramente ausente nos debates em torno do multiculturalismo.

Se revestidas de tal cuidado, as políticas multiculturalistas podem ser bem-vindas. Afinal, na medida em que a distribuição de chances sociais e a atribuição de valores positivos e negativos a grupos e pessoas (vale dizer, o poder de significar) obedecem, efetivamente, a critérios adscritivos, como a pertença étnica, de gênero, regional etc., a intervenção corretiva do Estado torna-se desejável e necessária. É preciso, efetivamente, que políticas públicas busquem restabelecer as condições institucionais que permitam que o acesso às oportunidades sociais seja generalizado e efetivamente igualitário.

Trata-se aqui, contudo, de uma política multiculturalista autocontida, isto é, consciente de seu impacto sobre as articulações identitárias e de seu caráter fundamentalmente corretivo. Ou seja, o Estado, conforme proponho, não defende determinadas concepções de bem nem atribui identidades a determinados grupos da população. Sua intervenção tem o sentido de romper o ciclo de reprodução das adscrições negativas, no âmbito do qual a condição de subalternidade de minorias étnicas, regionais etc. é perpetuada.

## Bibliografia

ANDOLINA, Robert; RADCLIFFE, Sara e LAURIE, Nina. "Gobernalidad y identidad: indigeneidades transnacionales en Bolivia". In: DÁVALOS, P. (ed.). *Pueblos indígenas, Estado y democracia*. Buenos Aires: Clacso, 2005, p. 133-179.

ASHCROFT, Bill; GRIFFITHS, Gareth e TIFFIN, Helen. "The Body and Performance — Introduction". *In* ASHCROFT, Bill; GRIFFITHS, Gareth e TIFFIN, Helen (ed.). *The Postcolonial Studies Reader*. Londres e Nova York: Routledge, 2005, p. 321-323.

BHABHA, Homi. *The Location of Culture*. Londres e Nova York: Routledge, 1994.

BHABHA, Homi. "Cultural Diversity and Cultural Differences". *In* ASHCROFT, Bill; GRIFFITHS, Gareth e TIFFIN, Helen (org.). *The Postcolonial Studies Reader*. Londres e Nova York: Routledge, 1995, p. 206-209.

BHABHA, Homi. "Culture's In-Between". *In* HALL, Stuart e DU GAY, Paul (ed.). *Questions of Cultural Identity*. Londres: Sage, 1996, p. 53-60.

BRUNKHORST, Hauke. *Solidarität. Von der Bürgerfreundschaft zur globalen Rechtsgenossenschaft*. Frankfurt: Suhrkamp, 2002.

COSTA, Sérgio. *Dois Atlânticos. Teoria social, antirracismo, cosmopolitismo*. Belo Horizonte: Ed. UFMG, 2006(a).

COSTA, Sérgio. "Sociology and transnational contexts of agency: Lessons from the Black Atlantic". *In* COSTA, S.;

DOMINGUES, J. M.; KNÖBL, W. e SILVA, J. P. (org.). *Decentring Sociology: The Plurality of Modernity*. Munique: Hampp, 2006(b).

COSTA, Sérgio. "Desprovincializando a sociologia: a contribuição pós-colonial". *Revista Brasileira de Ciências Sociais*, v. 21, 2006(c), p. 117-134.

COSTA, Sérgio e GURZA L., Adrián. "Cohesión social y coexistencia intercultural en América Latina". *In* COTLER, J. (org.). *Coesión social en las relaciones Europa-América Latina*. Lima: CAN, IEP, Obreal, 2006.

COSTA, Sérgio; WERLE, Denílson. "Reconhecer as diferenças: liberais, comunitaristas e as relações raciais no Brasil". *Novos Estudos Cebrap*: 49, 1997, p. 159-180.

DÁVALOS, Pablo (org.). *Pueblos indígenas, Estado y Democracia*. Buenos Aires: Clacso, 2005.

DE LAFORCADE, Geoffroy. "'Foreigners', Nationalism and the 'Colonial Fracture': Stigmatized Subjects of Historical Memory in France". *International Journal of Comparative Sociology*, 47, 2006, p. 217-233.

Derrida, Jacques. *Die Schrift und die Differenz* [L´Ecriture et la différence]. Frankfurt: Suhrkamp, 1972.

ECRI. "Annual report on ECRI'S activities covering the period from 1st January to 31st December 2005". Strassbourg: European Commission against Racism and Intolerance, 2006.

GILROY, Paul. "Joined-up Politics and Postcolonial Melancholia". *Theory, Culture and Society*, 18(2-3), 2001, p. 151-167.

GILROY, Paul. *After Empire. Melancholia or Convivial Cultures*. Londres e Nova York: Routledge, 2004.

GILROY, Paul. "Melancholia or Conviviality: The Politics of Belonging in Britain". *Soundings. A Journal of Politics and Culture*: 29, 2005, p. 35-47.

HABERMAS, Jürgen. *Zwischen Natruralismus und Religion. Philosophische Aufsätze.* Frankfurt: Suhrkamp, 2005.

HALL, Stuart. "The Question of Cultural Identity". *In* HALL, Stuart; DAVID Held e MC GREW, Tony (org.). *Modernity and its Futures.* Cambridge: Polity Press, 1992, p. 273-325.

HALL, Stuart. "Introduction: Who Needs 'Identity'?". In: HALL, Stuart e DU GAY, Paul (org.). *Questions of Cultural Identity.* Londres: Sage, 1996(a), p. 1-17.

HALL, Stuart. "On Postmodernism and Articulation. Interview edited by Lawrence Grossberg". *In* MORLEY, David e KUAN-HSING Chen (org.). *Stuart Hall. Critical Dialogues in Cultural Studies.* Londres e Nova York: Routledge, 1996(b), p. 131-150.

HALL, Stuart. "The Work of Representation". *In* HALL, Stuart (org.). *Representation: Cultural Representations and Signifying Practices.* Londres: Sage & Open University, 1997(b), p. 13-74.

KYMLICKA, Will. *Liberalism, Community and Culture.* Nova York: Oxford University Press, 1989.

KYMLICKA, Will. *Multicultural Citizenship.* Nova York: Oxford University Press, 1995.

MCLENNAN, Gregor. "Sociology's Eurocentrism and the 'Rise of the West' Revisited". *European Journal for Social Theory*, v. 3, Issue 3, 2000, p. 275-292.

MCLENNAN, Gregor. "Sociology, Eurocentrism, and post-colonial Theory". *European Journal for Social Theory*, v. 6, Issue 1, 2003, p. 69-86.

MEYER, John. *Weltkultur. Wie die westlichen Prinzipien die Welt durchdringen.* Frankfurt: Suhrkamp, 2005.

PIETERSE, Jan Nederveen. *Globalization and Culture.* Lanham: Rowman & Littlefield, 2004.

PIETERSE, Jan Nederveen. *Ethncities and Global Multiculture. Pants for an Octopus.* Lanham: Rowman & Littlefield, 2007.

RAZ, Joseph. "Multiculturalism: a liberal perspective". *Dissent*, Winter, 1994.

SANDEL, Michael. *Liberalism and the limits of justice*. Cambridge: Cambridge University Press, 1992.

TAYLOR, Charles. *El multiculturalismo y la política del reconocimiento*. México: Fondo de Cultura Económica, 1993.

WALSCH, Catherine. "(De)construir la interculturalidad. Consideraciones críticas desde la política, la colonialidad y los movimientos indígenas y negros en el Ecuador". In: FULLER, Norma (ed.). *Interculturalidad y política. Desafíos y posibilidades*. Lima: Red para le Desarollo de las Ciencias Sociales en el Peru, 2005.

## Notas

1.  Uma versão preliminar do presente ensaio foi apresentada no III Congresso da Associação Latino-Americana de Ciência Política, realizado em Campinas de 4 a 6 de setembro de 2006. Agradeço aos presentes e, sobretudo, a Paula Montero, debatedora da mesa, pelas críticas e sugestões valiosas. Não obstante, qualquer deficiência ainda constante da presente versão é de minha inteira responsabilidade.

2.  Sérgio Costa é professor titular de sociologia e diretor do Instituto de Estudos Latino-Americanos da Freie Universität Berlin, Alemanha.

3.  Essa e outras citações de títulos em alemão, espanhol e inglês foram traduzidas pelo autor para o português.

4.  Retomo nesta seção formulações de dois trabalhos anteriores desenvolvidos em coautoria (Costa & Werle, 1997 e Costa & Gurza, 2006).

5.  A posição assumida por Habermas no debate em torno dos direitos culturais, em alguns aspectos, complementa e corrige a visão liberal ao indicar a necessidade de que as cul-

## DIFERENÇA E IDENTIDADE

turas em questão devem poder ser permanentemente questionadas e julgadas criticamente, a partir de sua relevância prática e do interesse dos indivíduos em preservá-las: "Tradições mantêm-se vivas na medida em que sejam capazes de fluir pelos canais múltiplos e interconectados das histórias de vida individuais e ultrapassem as barreiras críticas representadas pelo julgamento autônomo de seus usuários potenciais" (Habermas, 2005: 313).

6. A noção de cultura global de John Meyer pouco tem a ver com os diferentes conceitos de cultura da antropologia ou da sociologia da cultura e que remetem sempre a formas de vida, produção de significados e determinados padrões de sociabilidade. Para o autor e seus colaboradores, cultura global diz respeito a um conjunto de valores e instituições que, ainda que não ganhem efetividade em todas as partes, predominam como pretensões de validade nas diferentes regiões do mundo, sem que se possa atribuir a eles uma origem regional particular. Trata-se, por exemplo, de valores como os direitos humanos, a formação escolar, o estado de direito etc.

7. Algumas das formulações contidas nesta seção encontram-se desenvolvidas mais extensamente em Costa (2006a, 2006b, 2006c).

8. O corpo constitui elemento fundamental do processo de performatizar a diferença. Isto é, de um lado, o corpo é tratado como a última barreira, a instância inassimilável, inocultável, aquilo que se toma como diferença irredutível para a construção das relações de opressão. No corpo, as relações de dominação são tornadas visíveis, conferindo-se materialidade (visual) a hierarquias racistas construídas culturalmente. Conforme atestam Aschroft *et al.* (1995: 322), a construção do outro, como inferior, se dá "mais direta e imediatamente quando diferenças superficiais do corpo e da voz (cor da pele, forma dos olhos, textura do cabelo, forma do corpo, língua, dialeto ou sotaque) são interpretadas como sinais indeléveis da inferioridade 'natural' de seus portadores". Ao mesmo tempo, o corpo é

IDENTIDADE E GLOBALIZAÇÃO

parte inseparável do processo de articulação do sujeito que se opõe à dominação. Isto é, a articulação da *différance* apresenta uma dimensão corporal óbvia. Posicionar-se é, em alguma medida, performar-se, manifestar-se presente com o corpo e seus movimentos. Não existe, nos sistemas de representação, uma posição neutra para o corpo, o corpo é sempre um signo ao qual se atribui significado.

9. As expressões *conviviality* e *convivial cultures* foram cunhadas, no debate em torno da diversidade cultural na Europa, por Paul Gilroy, que usa os termos para se referir a contextos de coexistência intercultural, sem qualificá-los, contudo, normativamente. *Ipsis verbis*: "Eu uso esse termo [*conviviality*] para referir ao processo de coabitação e interação que levou a que a monocultura se tornasse uma dimensão ordinária da vida social nas áreas urbanas britânicas e em outras cidades pós-coloniais [...]. O conceito não descreve a ausência de racismo ou o triunfo da tolerância. [...] A abertura radical trazida pela convivialidade revela a falta de sentido da identidade fechada, fixa e reificada, chamando ainda a atenção para os mecanismos de identificação inevitavelmente imprevisíveis" (Gilroy, 2004: xi).

# Morrer pela pátria?
## Notas sobre identidade nacional e globalização[1]

Liszt Vieira[2]

*L'oubli, et je dirai même l'erreur historique, sont un facteur essentiel de la création d'une nation* (*Ernest Renan,* Qu'est-ce qu'une nation)

## I — O RESSURGIMENTO DAS IDENTIDADES CULTURAIS

O objetivo do presente artigo é discutir a questão da identidade nacional em tempos de globalização e mostrar como o enfraquecimento atual do Estado-nação acarreta o ressurgimento de identidades culturais sufocadas durante o período de formação e consolidação do Estado nacional.

A identidade nacional é tradicionalmente apresentada como "comunidade imaginada" (Anderson, 1996), "criação histórica arbitrária" (Gellner,1988), ancorada em diversos elementos como, por exemplo, a narrativa de nação, a ênfase nas origens, na continuidade, na intemporalidade e na tradição (Hall, 2002), na invenção da tradição e no mito fundacional (Hobsbawn, 1990), na memória do passado, na perpetuação da herança e no esquecimento dos conflitos de origem (Renan, 1996).

Sabemos hoje que a ideia de nação como identidade cultural unificada é um mito. As nações modernas são todas híbridos culturais. O discurso da unidade ou identidade oculta diferenças de classe, étnicas, religiosas, regionais etc. As diferenças culturais foram sufocadas em nome da construção da identidade nacional. É inegável que a ideologia do nacionalismo e do patriotismo constituiu importante ferramenta na formação do Estado nacional.

## IDENTIDADE E GLOBALIZAÇÃO

O conceito de identidade nacional padece, assim, de certo viés monolítico. É comum encontrarmos expressões do tipo "o brasileiro é assim", "o argentino é desse jeito", "o francês é daquele", num reducionismo que se choca com a diversidade cultural. Existem, é claro, patamares de homogeneidade, como a língua, por exemplo. Mas a existência de múltiplas identidades culturais invalida a noção de cultura nacional unificada.

No caso do Brasil, já se afirmou que a identidade nacional se confundiria com a identidade cultural baseada na grande heterogeneidade de traços culturais ligados à variedade dos grupos étnicos que coexistiam no espaço nacional e que se distribuíam diversamente conforme as camadas sociais (Queiroz, 1989). Apesar de sua riqueza, essa abordagem deixa de lado aspectos importantes da questão da identidade nacional no Brasil, talvez o único país da América Latina que não conquistou a independência nacional — ela foi concedida de cima para baixo, sem luta. A República foi uma quartelada a que o povo assistiu "bestializado" (Carvalho, 1987). E à Independência, nem bestializado assistiu. As guerras e lutas que marcaram o povo brasileiro foram regionais (Farrapos, Sabinada etc.).

Nosso mito de origem foi a descoberta em 1500, em que já estão presentes "os três componentes da nossa nação imaginada: a identidade lusa, a identidade católica e a identidade cordial" (Carvalho, 2000). Esquecimento e erro é o que não faltaram nos mitos da história pacífica e democracia racial. Essa visão europeizante de identidade nacional excluía os colonizados. A história oficial foi escrita pelas elites e nela o povo está, em geral, ausente. Isso ajuda a explicar por que o brasileiro tem mais orgulho da natureza do que da história, como veremos adiante.

A construção da identidade nacional, na Europa e em toda a América, privilegiou nos séculos XVIII e XIX o sen-

MORRER PELA PÁTRIA?

timento de unidade em detrimento da diversidade. Tratava-se de construir a nação, o que foi feito oprimindo e sufocando identidades culturais, religiosas, étnicas, de gênero etc., bem como a divisão da sociedade em classes. Enfim, o conceito de nação, baseado na unidade, ocultou a diversidade.

Mas, talvez por isso mesmo, engendrou ideologias — o patriotismo e o nacionalismo — que ajudaram a forjar a identidade nacional e mobilizar as populações, principalmente dos países coloniais, para morrer na guerra pela pátria. É sugestivo que quase todos os hinos nacionais da América Latina falem em "morrer pela pátria". Além disso, essas ideologias tornaram-se poderosos instrumentos de mobilização popular para as grandes guerras do século XX.

Se na hora de morrer pela pátria não havia muitas distinções perante a lei, o mesmo não ocorria na hora de viver pela pátria. O direito brasileiro, por exemplo, trazia a marca dos costumes escravistas, patriarcais e católicos predominantes na sociedade brasileira do século XIX. Para protestantes e judeus, não havia, durante o Império, qualquer tipo de registro civil de nascimento ou casamento. União entre cônjuges não católicos não tinha valor legal. Menores trabalhavam, mas não podiam defender-se em juízo. Mulheres casadas podiam gerir fortunas, mas não tinham direito de fazer testamento. Apenas católicos podiam ser eleitos para cargos públicos. Os negros eram escravos. Mesmo o Código Civil da República, promulgado em 1916, distinguia mulheres honestas de desonestas, filhos legítimos de ilegítimos (Grinberg, 2001).

Os negros, já livres após a abolição da escravatura, tinham seus costumes e suas práticas desprezados e, às vezes, criminalizados, como no caso da capoeira e dos rituais religiosos. Após a abolição, a elite branca, sentindo-se ameaçada, aumentou a perseguição aos costumes africanos. Os indígenas eram considerados incapazes e as mulheres também eram excluídas da plenitude dos direitos de cidadania. Só em 1934 conquistaram o direito de voto, mas a discriminação perdurou no plano social, econômico e até jurídico.

A política migratória era abertamente racista, pois discriminava os asiáticos e africanos em favor dos brancos europeus. A migração japonesa furou o bloqueio, já no século XX, mas sofreu campanhas discriminatórias contra o "perigo amarelo". "Não há mais remédio para o mal", lamentava em 1934 o deputado constituinte Félix Pacheco, a respeito da "indigestão japonesa". O médico Miguel Couto também alertava para o perigo da "japonização do Brasil" e da transformação da Amazônia na "Nova Manchúria", e liderou uma campanha antinipônica na Assembleia Constituinte de 1934, que acabaria por aprovar a limitação da imigração japonesa (Sano, 1989).

A ditadura de Vargas, após 1937, desencadeou uma repressão implacável contra os japoneses: escolas fechadas, língua proibida, livros confiscados, casas invadidas, prisões de "quinta-colunas". E também contra os judeus: o Plano Cohen, a proibição de renovar vistos que colocava os judeus migrantes na ilegalidade, podendo ser deportados para os campos de concentração na Alemanha.

Todas essas discriminações, oriundas do século XIX, se estendem durante a República Velha até a Era Vargas, de 1930 a 1945, geralmente considerada o período de consolidação do Estado nacional brasileiro. Vargas promove um *revival* da identidade nacional baseada na ideologia do trabalho e numa política racial influenciada pelo nazifascismo na Europa. O Estado Novo, a partir de 1937, passa a reprimir impiedosamente quaisquer manifestações políticas ou culturais divergentes do regime.

As identidades culturais antes sufocadas agora reaparecem, colocam no espaço público suas demandas e sobrepujam muitas vezes a identidade nacional, visivelmente abalada com o processo de globalização que enfraquece os atributos básicos do Estado-nação: territorialidade, soberania, autonomia (Vieira, 2001).

Esse ressurgimento de identidades culturais se dá paralelamente ao enfraquecimento (e não desaparecimento) do nacional e, simultaneamente, ao fortalecimento do local e das organizações da sociedade. O local passa a interagir com o global, criando diferentes patamares culturais. Chico Mendes, ao morrer, era um herói local e global, mas não nacional.

## II — PÁTRIA, NATUREZA E HISTÓRIA

### 1) A morte pela pátria nos hinos nacionais

Um bom exemplo do espírito predominante no período de formação nacional são os hinos nacionais, que refletem o espírito de conquista da independência contra países colonizadores, como ocorreu na América Latina, ou de formação do Estado nacional, como nos países europeus. Nesse último caso, os hinos não conclamam os cidadãos a morrer pela pátria. *God Save the Queen, Allons enfants de la patrie, Deutschland Über Alles, Viva España! Levantai, hoje de novo, o esplendor de Portugal,* os hinos dos países da Europa ocidental apelam ao patriotismo, mas não à morte. A única exceção é a Itália que, embora marginalmente, afirma: *Siam pronti alla morte.*

Na América Latina, basta consultar alguns hinos para verificar até que ponto o apelo para morrer pela pátria está enraizado no espírito da época como marco da identidade nacional. Vejamos alguns exemplos.

IDENTIDADE E GLOBALIZAÇÃO

O hino nacional uruguaio começa exclamando: *Orientales, la Patria o la Tumba! Libertad o con gloria morir!* Da mesma forma começa o hino paraguaio: *Paraguayos, República o Muerte!* E Cuba, hoje tão conhecida pela palavra de ordem *"Patria o Muerte, Venceremos"*, canta, logo na primeira estrofe do seu hino: *No temáis una muerte gloriosa/Que morir por la Patria es vivir.*

O hino do Haiti nos ensina que é belo morrer pela pátria: *Pour le drapeau, pour la patrie/ Mourir est beau, mourir est beau.* O de Honduras fala em morte generosa: *Marcharemos, ¡oh patria!, a la muerte;/ Generosa será nuestra suerte,/ Si morimos pensando en tu amor.* O da Bolívia, no mesmo sentido: *Morir antes que ver humillado/ De la Patria el augusto pendón.* O da Guatemala conclama vencer ou morrer: *Libre al viento tu hermosa bandera/A vencer o a morir llamará.*

O colombiano nos lembra que: *Se baña en sangre de héroes/ La tierra de Colón.* E termina dizendo: *Deber antes que vida/ Con llamas escribió.* O hino mexicano conclama à guerra e evoca a morte: *Tus campiñas con sangre se rieguen/ Sobre sangre se estampe su pie.* No fim, promete aos heróis combatentes: *¡Un sepulcro para ellos de honor!*

E assim termina o hino nacional da Argentina: *Coronados de gloria vivamos/ O juremos con gloria morir.* O chileno é o único que fala em asilo: *O la tumba serás de los libres/ O el asilo contra la opresión.* No fim, não foge à regra: *O tu noble glorioso estandarte/ Nos verá combatiendo caer.*

Em meados do século XX, a guerra de independência nacional da Argélia produziu um hino nacional com versos semelhantes: *Et nous avons juré de mourir pour que vive l'Algérie!*

No caso dos países que travaram guerras de independência nacional, o apelo dos hinos a morrer pela pátria pode ter um duplo sentido: mobilização para a guerra ou

MORRER PELA PÁTRIA?

homenagem aos soldados que tombaram no campo de batalha. Não se trata de mera retórica, como no caso brasileiro, onde não houve guerra pela independência, concedida de cima para baixo pelo próprio imperador português. Nem por isso o hino da independência dispensou o apelo a morrer pela pátria: "Ou ficar a pátria livre ou morrer pelo Brasil!"

A ideia de morrer pela pátria ficou no inconsciente coletivo do imaginário popular brasileiro. Muitas décadas depois, os hinos da Revolução Constitucionalista de 1932, em São Paulo, exclamavam: "Antes a morte que um viver de escravos!" Ou: "Ser paulista/ É morrer sacrificado/ Por nossa terra e pela nossa gente!" Ou ainda: "Que os irmãos dos vinte estados/ Sejam todos redimidos/ Pelo sangue dos soldados/ Dos paulistas destemidos." Os versos mais conhecidos, de Guilherme de Almeida, conclamavam os estudantes a abandonarem a escola para morrer na guerra: "Enquanto se sente bater/ No peito a heroica pancada/ Deixa-se a folha dobrada/ Enquanto se vai morrer.

## 2) A natureza no hino brasileiro

Já o hino nacional brasileiro trilhou outros caminhos. A ênfase está menos no heroísmo guerreiro do povo e mais na grandeza e no gigantismo da nossa natureza. As elites brasileiras têm mais orgulho da nossa geografia do que da nossa história.

No Brasil, natureza e nação estão indissoluvelmente ligadas. A identidade nacional está mais ancorada na natureza do que na história. Há um sentimento generalizado que se orgulha mais da natureza, das belezas naturais do meio ambiente, do que da história. Isso é uma atitude cultural que se tornou visível no romantismo literário que predominou no século XIX e deixou marcas que se estendem

## IDENTIDADE E GLOBALIZAÇÃO

até hoje. Por isso, pode-se afirmar que a degradação da natureza destrói o amor próprio do brasileiro. Nesse sentido, o crime ambiental é também cultural.

Talvez as novas gerações tenham percebido isso mais do que se imagina. Pesquisa feita pelo Cpdoc/Iser em 1997 mostra que a natureza aparece em primeiro lugar entre os motivos de orgulho de ser brasileiro. Quanto mais jovem e mais instruído, maior a escolha de fatores naturais como motivo de orgulho de ser brasileiro.

Alguns viram nisso mera sobrevivência do edenismo de Rocha Pitta em *História da América Portuguesa* e do ufanismo de Afonso Celso em *Por que me ufano do meu país*. Outros atribuíram a escolha da natureza à falta de confiança do brasileiro nos políticos e à ausência de participação política. O fato é explicado mais pela negação, pela falta de outros elementos, do que pelo significado que contém. De qualquer forma, o resultado da pesquisa foi considerado surpreendente (Carvalho, 1998).

Talvez não tenha surpreendido os mais atentos a degradação ambiental, em escala global, nacional e local, que vinha sendo repercutida pela mídia há muitos anos. A realização em 1992 no Rio de Janeiro da Conferência das Nações Unidas para o Meio Ambiente e Desenvolvimento, a chamada Rio-92, contribuiu para intensificar nos anos 90 o processo de conscientização ambiental reiniciado nos anos 80 com a redemocratização do país.

A ideia, no fundo do imaginário social brasileiro, de que a identidade nacional está mais associada com a natureza do que com a história pode ser discutida de vários ângulos. Um dos principais é a visão literária que exaltou a natureza como afirmação da identidade brasileira. Antes, porém, de analisar a identidade nacional na literatura brasileira, vale a pena lançar um rápido olhar para ver como ocorreu em outros países a relação morte/pátria.

## MORRER PELA PÁTRIA?

### 3) Pro Patria Mori

Em brilhante ensaio, Ernst Kantorowicz mergulhou na Idade Média e mostrou que a atitude de morrer pela pátria tem uma essência religiosa de origem medieval. A pátria terrena foi desqualificada pelo cristianismo em favor da cidade de Deus, a patria eterna. Os cruzados morriam por Deus e eram santificados: o papa Nicolau I (858-867) prometeu a "pátria celeste" aos que morressem pela fé na luta contra os infiéis. A noção de pátria estava subsumida na noção de Deus. Por outro lado, os guerreiros que se sacrificavam heroicamente em batalhas o faziam por lealdade a seu senhor, e não por alguma noção de território ou Estado.

Os gregos e romanos homenageavam seus mortos pela *polis* ou *res publica*, mas a noção de pátria, tal como a conhecemos hoje, acompanhou a construção moderna de nação e Estado. Houve, é claro, um longo período de transição. Carlos Magno, por exemplo, foi considerado pelos franceses dos séculos XII e XIII "imperador da França" e seus soldados, tombados na luta contra os sarracenos, "santos mártires". Pátria e religião começam a assumir uma dimensão nacional. Na primeira metade do século XV, Joana d'Arc exclamará: "Os que declaram guerra ao santo reino da França declaram guerra ao rei Jesus" (Kantorowicz, 1984).

Inspirado no exemplo anterior da Igreja, que cobrava dízimos "em defesa da Terra Santa", o rei passa a cobrar impostos "em defesa do reino" ou "em defesa da pátria". O "corpo místico" identificou-se com o corpo político e tornou-se sinônimo de nação e pátria. A morte *pro patria*, numa perspectiva verdadeiramente religiosa, aparece como sacrifício pelo corpo místico do Estado. Se Cristo é a cabeça do corpo místico da Igreja, o príncipe é a cabeça do corpo místico do Estado. A associação da visão espiritual e

IDENTIDADE E GLOBALIZAÇÃO

secular de corpo místico está na raiz da construção moderna do Estado. O humanismo do renascimento desempenhou papel importante no resgate de ideias clássicas e na adaptação do *pro patria mori* aos tempos modernos. Mas o essencial aqui é que o Estado como pessoa jurídica tenha aparecido como corpo místico e que a morte por esse novo corpo místico tenha recebido um valor igual à morte de um cruzado pela causa de Deus.

Na era moderna, a transferência dessa ideia central de corpo místico às doutrinas nacionais, raciais e partidárias sofreu, evidentemente, uma série de distorções. Uma interpretação importante foi a leitura fascista durante a ascensão do nazismo, de que são exemplos o Túmulo dos Mártires do movimento nacional-socialista em Munique e a bandeira gigantesca *Chi muore per Italia non muore*, que cobria no Natal de 1937 a fachada da catedral de Milão por ocasião da homenagem aos soldados mortos nas divisões fascistas italianas na Espanha de Franco (Kantorowicz, 1984).

Exemplos mais recentes tivemos na América Latina, onde o apelo a morrer pela pátria atravessou o século XX. Não ocorreu apenas no Brasil, onde o suicídio de Vargas deixou marcas, mas certamente menos profundas do que as deixadas pela morte de Eva Perón na Argentina. Idolatrada pelo povo, até hoje há filas para visitar seu túmulo aos domingos no cemitério de Recoleta, em Buenos Aires. É curioso lembrar que, durante a ditadura de Perón na Argentina, Eva Perón afirmou, em discurso proferido em 19 de maio de 1949: "Estou disposta a queimar minha vida se souber que, queimando-a, posso levar felicidade a um lar de minha pátria" (Sarlo, 2005).

Nos anos 70, em sua luta contra a ditadura militar, o grupo peronista Montoneros retoma o lema "morte pela pátria", já sob a influência do mito de sacrifício heroico de

## MORRER PELA PÁTRIA?

Che Guevara e do exemplo da Revolução Cubana, que deflagrou um processo revolucionário na América Latina. O montonero não apenas está disposto a morrer pela pátria, ele se prepara para morrer. Suas ações são muitas vezes suicidas. No fim do caminho, há apenas a vitória ou a morte. Seus lemas "pátria, vitória ou morte", "Perón ou morte. Vencer ou morrer pela Argentina" revelam um etos sacrificatório. A Revolução é um objetivo sagrado e a morte é um exemplo que não enfraquece o corpo montonero, indissoluvelmente ligado ao corpo nacional. Esses "dois corpos" dos Montoneros[3] encontrariam suas origens não só nos exemplos heroicos da Guerra Civil Espanhola, mas na própria alma argentina simbolizada pelos personagens de Borges, para os quais a honra é uma paixão e a coragem, sua principal virtude (Sarlo, 2005).

Longe dos arroubos passionais da Argentina — sem dúvida um caso extremo — o México, "tão longe de Deus"[4], parece haver esgotado sua cota de derramamento de sangue na revolução camponesa pela reforma agrária. Após a sangrenta Revolução Mexicana, o México conheceu, a partir de 1934, o regime nacionalista e democrático de Lázaro Cárdenas, que executou uma reforma agrária de proteção aos camponeses e supressão do latifúndio, fez uma reforma educacional laica e nacionalizou o petróleo. Demonstrou pluralidade e tolerância política ao receber Trotsky como refugiado. Foi um político íntegro que combateu a corrupção e apoiou os republicanos na Guerra Civil Espanhola.

Depois de Cárdenas, o Partido Revolucionário Institucional (PRI) tornou-se conservador e assegurou um longo domínio na política mexicana. O México foi uma exceção na América Latina ao institucionalizar os conflitos no processo político, abolindo, a partir de meados do século XX, o impulso de morrer pela pátria. Talvez exceção da exceção, o que não significa necessariamente regra geral. O domínio do PRI esterilizou a vida política no México na segunda metade do século XX. Nesse período, é possível que tenha faltado ao México o que a Argentina teve em excesso: paixão.


## III — O NACIONAL NA LITERATURA

No século XIX, sobretudo a partir da segunda metade, surgiu na esfera da literatura um intenso movimento a fim de promover o conceito de nacionalidade ou a afirmação da identidade nacional. No Brasil, difundiu-se na década de 1970 daquele século o conceito de "instinto de nacionalidade", proposto por Machado de Assis ao relacionar romantismo e nacionalidade, reconhecendo no movimento romântico traços característicos do nacionalismo. Tal "instinto", que se propalava como uma epidemia, dominou o pensamento ocidental durante todo o período, tendo o movimento romântico participado como fundamental agente difusor não apenas no Brasil, mas em outros países que se libertavam de metrópoles coloniais.

A produção literária, então, voltava-se para o projeto de afirmação da ideia de unidade nacional de forma efetiva, de modo que toda matéria escrita, fosse de qualquer gênero, podia ser instrumento para alcançar o objetivo visado, desde que se reconhecesse em seu conteúdo utilidade para a "pátria", de modo a "contribuir para desenhar os contornos de uma imagem do Brasil" (Rouanet, 1999).

No contexto em que se buscava legitimar nossas características autóctones, a natureza, que já era considerada um símbolo característico do continente americano, permitiu a inserção da literatura no projeto de construção da nacionalidade. Dessa forma, contemplar a natureza e "pintá-la" permitia aos escritores, ao mesmo tempo, afirmar a imagem do "eu" e mostrar sua diferença em relação ao "outro", conferindo uma identidade ao brasileiro.

A exaltação da natureza como afirmação de nossa identidade foi ilustrada nos versos da *Canção do exílio*, de Gonçalves Dias, que se institucionalizaram definitivamente na letra do hino nacional:

*Canção do exílio*, versos 5, 6, 7 e 8: "Nosso céu tem mais estrelas/ Nossas várzeas têm mais flores/ Nossos bosques têm mais vida/ Nossa vida mais amores."

Hino Nacional Brasileiro, versos 31, 32 e 33: "Do que a terra mais garrida/ Teus risonhos, lindos campos têm mais flores/ Nossos bosques têm mais vida/ Nossa vida no teu seio mais amores."

O hino nacional brasileiro está repleto de imagens e metáforas ligadas à natureza. Foram as margens plácidas do Ipiranga que ouviram o brado retumbante de um povo heroico que estava ausente e não bradou nada. Sol da liberdade, formoso céu risonho e límpido, gigante pela própria natureza, deitado em berço esplêndido, sol do novo mundo, terra adorada, abundam no hino nacional metáforas naturais. Aqui reside, sem dúvida, um dos elementos que explicam a síntese surpreendente de Nelson Rodrigues: "O Brasil é uma paisagem". Talvez houvesse pensado em Cézanne: a paisagem, dizia ele, se pensa em mim e sou sua consciência.[5]

Ainda no que se refere à natureza, é interessante observar que a palavra natural passou a ter um sentido ambíguo, o que permitiu um jogo de palavras que foi importante para a construção da ideia de nacionalidade no discurso oitocentista. Dizer que algo era "natural" pressupunha correspondência à própria natureza, e assim incutia-se culturalmente entre o povo a noção de que todos aqueles nascidos no Brasil são filhos da mesma pátria, ou seja, naturais daquele lu-

IDENTIDADE E GLOBALIZAÇÃO

gar. Assim, dizer que o indivíduo tem determinada nacionalidade significa dizer ser "natural" de determinado país.

No panorama histórico brasileiro, ainda na primeira metade do século XIX, uma série de rebeliões que eclodiram
em diversos pontos do país agravou a instabilidade política
já provocada pela deposição do Imperador Pedro I. Em
1836, debelava-se a Revolta Farroupilha no Rio Grande do
Sul e, no mesmo ano, irrompeu no Pará a insurreição dos
Cabanos. Em 1837, a Sabinada eclodiu na Bahia e no ano
seguinte a Balaiada, no Maranhão.

A historiografia tradicional tendeu a negligenciar o período regencial, o que talvez possa ser explicado pelo fato
de o território brasileiro ter estado tão próximo da fragmentação que gerou as inúmeras repúblicas latino-americanas. Projetava-se então a confiança no futuro como
alternativa à conturbada cena contemporânea. Dessa forma, a maneira compreendida para assegurar-se o futuro
era o esquecimento das divergências do momento em favor de um fator que pudesse ser apresentado como deno-
minador comum. Esse fator era o espírito nacional.

Durante esse período, criou-se uma problemática quanto à noção de tempo linear, pois se a história é o conjunto
de fatos particulares e, sobretudo, se cada fato apresenta um
caráter próprio, irredutível, como encontrar sentido para
a sucessão de fatos individuais? Os pensadores e historiadores oitocentistas buscaram resolver esse dilema mediante associação das noções de progresso, evolução e nação.
Essa associação deu origem ao sentido de história característico do romantismo.

"A tarefa do historiador, portanto, é menos recordar
do que esquecer. Esquecimento motivado por um princípio muito claro de seleção: recordam-se os fatos que favorecem a unidade nacional, olvidam-se os acontecimentos
que a comprometem" (Rocha, 1999).

MORRER PELA PÁTRIA?

Esquecimento da história, lembrança da natureza. Eis dois vetores fundamentais da identidade nacional no Brasil.

## IV — O NACIONAL NA GLOBALIZAÇÃO

Os Estados nacionais se enfraquecem à medida que não podem mais controlar dinâmicas que extrapolam seus limites territoriais. A interdependência mundial de diversos processos acaba reduzindo de fato seu poder de decisão, mesmo que de direito continuem senhores de seu espaço de jurisdição.

Sendo a nação e os Estados nacionais produtos históricos, e não uma configuração "natural" de organização política, sua superação por meio de outras formas de organização deve ser vista como um processo histórico a tão longo prazo, tão conflitivo e pouco retilíneo como sua formação.

Em suma, o processo de declínio é irregular: em alguns países, a política nacional será fortemente influenciada pelos processos globais, enquanto em outros os fatores regionais ou nacionais continuam mais importantes. Mas a persistência do Estado-nação não significa que a soberania nacional não tenha sido afetada profundamente pelo choque de forças e relações nacionais e internacionais. As principais disjuntivas externas que condicionam esse processo são a economia mundial, as organizações internacionais, o direito internacional, as potências hegemônicas e os blocos de poder (Held, 1995).

A dinâmica das relações, dos processos e das estruturas que constituem a globalização reduz ou anula os espaços de soberania, até para as nações desenvolvidas do Primeiro Mundo. As fronteiras nacionais adquirem nova significa-

IDENTIDADE E GLOBALIZAÇÃO

ção, refletindo um quadro mais amplo, em que aspectos classicamente característicos do Estado-nação são radicalmente transformados.

As condições e possibilidades de soberania e projeto nacional passaram a estar determinadas por instâncias supranacionais, por exigências de instituições e corporações multilaterais, transnacionais ou propriamente mundiais, o que traz mudanças substantivas na sociedade nacional, transformada em província global.

Já houve quem dissesse que, diante das grandes questões de nosso mundo, "as nações se tornaram anãs; tornaram-se províncias" (Ortega y Gasset, 1958). Outros afirmam que, no contexto da globalização, o Estado-nação entra em declínio, como realidade e conceito. Aos poucos, "a sociedade global tem subsumido, formal ou realmente, a sociedade nacional" (Ianni, 1995).

Mas as questões e categorias centrais da teoria e prática da democracia contemporânea resultam indissociáveis da figura do Estado-nação: o consenso e a legitimidade do poder político; a base político-territorial do processo político; a responsabilidade das decisões políticas; a forma e o alcance da participação política; e até o próprio papel do Estado-nação como gerente institucional dos direitos e deveres dos cidadãos. Por isso, a democracia como forma de governo e a cidadania democrática como meio privilegiado de integração social na comunidade política estão, inexoravelmente, "territorializadas", em virtude de sua vinculação histórica e teórica com a figura do Estado-nação e, consequentemente, com a ordem internacional baseada nos princípios e nas normas fixados no Tratado de Westfália.

Ocorre, porém, que os processos de globalização em curso estão desafiando as fundações e os princípios políticos do Estado-nação, da ordem de Westfália e, por extensão, da própria democracia e cidadania. O processo de

MORRER PELA PÁTRIA?

globalização econômica está enfraquecendo os laços territoriais que ligam o indivíduo e os povos ao Estado, deslocando o *locus* da identidade política, diminuindo a importância das fronteiras internacionais e abalando seriamente as bases da cidadania tradicional.

A globalização econômica tende, assim, a produzir um declínio na qualidade e significação da cidadania, a não ser que as ideias de filiação política e identidade existencial possam ser efetivamente vinculadas a realidades transnacionais de comunidade e participação em um mundo "pós-estatal".

Esse parece ser o caso da União Europeia, que criou uma segunda camada de cidadania por cima da cidadania nacional, suprimindo aspectos centrais da soberania nacional, como, por exemplo, moeda, passaporte e até mesmo autonomia legislativa, pois, é bom recordar, se uma lei nacional colidir com a lei europeia, prevalece essa última.

Cabe, portanto, destacar as diversas fontes alternativas de identidade que reemergem a partir do deslocamento parcial do Estado, ligadas a perspectivas culturais, religiosas, étnicas, ecológicas, sexuais etc. Tais perspectivas constituiriam hoje fonte maior de identidade do que a nacional.

As profundas mudanças provocadas pelo processo de globalização na área econômica, financeira, política, social, tecnológica, criminal, ambiental, das comunicações etc. levaram à desestabilização das "identidades territoriais tradicionais baseadas na contiguidade, homogeneidade e em limites claramente identificáveis, física e socialmente" (Scholte, 1996), gerando uma multiplicidade de novas identidades e solidariedades coletivas subnacionais e supranacionais.

Dessa forma, o Estado-nação, como forma dominante de identidade coletiva fundada na homogeneidade cultural, vê-se hoje cada vez mais desafiado por uma sociedade crescentemente pluralista ou multicultural, contando com

IDENTIDADE E GLOBALIZAÇÃO

grande diversidade de grupos étnicos, estilos de vida, visões de mundo e religiões, desenvolvida simultaneamente nos planos infraestatal e supraestatal (Habermas, 1995).

Isso não significa que a identidade nacional deixou de ser importante na atualidade, ou que foi absorvida por uma nova homogeneização de alcance global, seja de um hipercapitalismo sem fronteiras, seja de um cosmopolitismo de sentimentos universais e atos de solidariedade com a humanidade como um todo.

É provável que a globalização vá produzir, simultaneamente, novas identificações "globais" e novas identificações "locais". Tendo em vista o impacto da indústria cultural globalizada e a expansão do mercado mundial, vislumbram-se três possíveis consequências do processo de globalização em face das identidades nacionais:

a) as identidades nacionais estão se desintegrando, como resultado do crescimento da homogeneização cultural e do "pós-moderno global"; b) as identidades nacionais e outras identidades "locais" ou particularistas estão sendo reforçadas pela resistência à globalização; c) as identidades nacionais estão em declínio, mas novas identidades — híbridas — estão tomando o seu lugar (Hall, 2002).

De qualquer forma, é inegável que a identidade nacional tornou-se mais uma entre as tantas identidades que os povos hoje constroem. Isso quer dizer que a identificação com a nação pode ser mais forte ou mais fraca; mas, ao mesmo tempo, significa também que outras identidades — étnica, religiosa, de gênero, classe social, preferência sexual etc. — que não estão enraizadas no apego a um território particular podem ser altamente significativas (Krause & Reinwick, 1996).

É verdade que a cidadania nacional teria o potencial de transmitir identidade na esfera internacional, comparada a outras nacionalidades. Mas, dentro de uma nação, isso é duvidoso. A igualdade da cidadania é sempre um ideal, mas as diferenças subsistem. Dentro de um Estado, a cidadania nacional não significa necessariamente identidade. Hoje, a identidade se baseia na ideia de ser não igual, mas diferente. É o reconhecimento moral, a estima, por parte de outros. Daí a importância atribuída às lutas pelo reconhecimento de identidades (Taylor, 1994).

Na cidadania, em que todos são iguais, a igualdade é uma reivindicação normativa, como a liberdade ou independência. Hannah Arendt dizia que os homens não nascem iguais, tornam-se iguais por conquista política. A igualdade significa não discriminação com base em crenças religiosas, políticas, diferenças de gênero ou status social. A questão que se põe é saber se a cidadania pode tornar-se fonte de identidade. Ora, se a cidadania significa ser igual aos outros, e se a identidade significa ser diferente dos outros, como pode a cidadania, baseada na igualdade, ser fonte de identidade, baseada na diferença?

Há, inegavelmente, uma tensão entre cidadania e pertença a uma comunidade particular. Mas as particularidades normativas são vistas como nocivas, porque a igualdade é o ideal nas democracias. A partir de certo ponto, as diferenças podem abalar a coesão social e a unidade política. Eis porque a igualdade e a cidadania são percebidas como valores positivos, enquanto a desigualdade e a diferença são em geral rejeitadas no ideário social e político.

Daí a famosa tese de Renan no sentido de que a formação da nação se baseia no esquecimento da história. Para permitir a construção de uma só identidade, propõe-se substituir a história por uma memória comum, em geral não coincidentes (Renan, 1997). Historiadores contemporâneos afirmam a mesma coisa: a memória é a história ajustada às necessidades de construção da identidade nacional (Carvalho, 2000).

IDENTIDADE E GLOBALIZAÇÃO

A identidade nacional tem base territorial e é quase sempre monolinguística. Foi construída em detrimento de outras identidades e tem caráter contrastivo em relação às demais nacionalidades. Esse tipo de identidade moderna "explodiu" e deu lugar a "identidades pós-modernas marcadas pela transterritorialidade e multilinguística... que se estruturam menos pela lógica dos Estados do que pela dos mercados" (Canclini, 1999).

A força identitária da nação perdeu vigor e hoje se refugia em áreas específicas como o esporte, principalmente o futebol (Hobsbawn, 1990). No Brasil, durante a Copa do Mundo, as ruas das cidades se vestem de verde-amarelo, numa explosão de brasilidade.

Se o esporte é a transposição simbólica da guerra, o brasileiro pode não morrer pela pátria, mas certamente demonstra enorme entusiasmo em torcer pela pátria. Terminada a competição internacional, cada um volta a torcer pelo seu clube contra os demais. No plano nacional, a identidade, mais uma vez, é definida pela diferença, e não pela igualdade.

## V — O INTERNACIONAL POR SUBTRAÇÃO

Em suma, a construção nacional supõe necessariamente a exclusão da alteridade (Melo, 2001). A busca da homogeneidade nacional sufoca as demais identidades porventura conflitantes. O enfraquecimento atual dos atributos básicos do Estado nacional — soberania, territorialidade, autonomia — dilui a força da identidade nacional, fazendo ressurgir as identidades culturais antes sufocadas.

No caso brasileiro, o esquecimento da história se aliou, como vimos, à lembrança da natureza. Assim, ao lado de

MORRER PELA PÁTRIA?

uma releitura da história por parte das identidades antes ignoradas, enfrentamos o dilema de saber como os brasileiros reagem ao constatar que seu principal orgulho patriótico — a natureza — está sendo cada vez mais degradado pela atividade econômica.

Surge aqui uma ambiguidade insuperável. O brasileiro consome mercadorias produzidas pela atividade econômica poluidora de outros brasileiros. Para examinar essa questão, teríamos de mergulhar na análise do processo de desenvolvimento e suas antinomias: nacional x internacional, sustentável x predatório, econômico x social, crescimento x desenvolvimento etc.

A noção de identidade nacional, tão importante no passado, perdeu força e não se sustenta mais no plano infranacional, continuando certamente como referência no plano internacional. A confirmar-se a tendência histórica para a formação de blocos supranacionais, a identidade nacional permanecerá como expressão de uma realidade sobretudo cultural, já que no plano jurídico-político tudo indica que as instituições supranacionais passarão a predominar sobre as nacionais.

A "pureza" do "nacional por subtração" (Schwarz, 1989) será talvez sucedida por uma espécie de "internacional por subtração": subtração do próprio nacional e de outros blocos supranacionais. Ainda é cedo para previsões, mas algumas tendências já podem ser constatadas.

A construção política, econômica e jurídica da União Europeia parece apontar nessa direção. O processo é complexo, contraditório, com avanços e retrocessos. Não existe fatalidade na história, mas a possibilidade de retrocesso é altamente improvável. Ernest Renan, para quem a nação "é um plebiscito de todos os dias", em conferência pronunciada na Sorbonne em 11 de março de 1882, já anteviu esse processo: "*Les nations ne sont pas quelque chose*

IDENTIDADE E GLOBALIZAÇÃO

*d'éternel. Elles ont commencé, elles finiront. La confédération européenne, probablement, les remplacera. Mais telle n'est pas la loi du siècle où nous vivons"* (Renan, 1997).

O mundo internacional desenhado no Tratado de Westfália em 1648 já começou a ruir e diversos arranjos de governança global já começaram a ser implantados. Com o desmoronamento dos pilares do Estado nacional — soberania, territorialidade, autonomia — as noções de pátria e identidade nacional perdem sua dimensão política, ficando restritas a uma referência puramente cultural, num mundo cada vez mais marcado pelo multiculturalismo.

## Bibliografia

ANDERSON, Benedict. *Comunidades imaginadas. Reflexiones sobre el origen y la difusión del nacionalismo.* México: Fondo de Cultura Económica, 1996.

CANCLINI, Nestor G. *Consumidores e cidadãos: conflitos multiculturais da globalização.* Rio de Janeiro: Editora UFRJ, 1999.

CARVALHO, José Murilo. "O motivo edênico no imaginário social brasileiro". *Revista Brasileira de Ciências Sociais*, v. 13, nº 38, 1998.

_____. "A memória nacional em luta contra a história", Caderno Mais, *Folha de S. Paulo*, 12 de novembro de 2000.

_____. *Os bestializados.* São Paulo: Companhia das Letras, 1987.

GELLNER, Ernest. *Naciones y nacionalismo.* Madrid: Alianza Editorial, 1988.

GRINBERG, Keila. *Código Civil e cidadania*. Rio de Janeiro: Jorge Zahar Editor, 2001.

HABERMAS, Jürgen. "O Estado-nação europeu frente aos desafios da globalização". *Novos Estudos*, n° 43, São Paulo, 1995.

HALL, Stuart. *A identidade cultural na pós-modernidade*. Rio de Janeiro: DP&A, 2002.

HELD, David. *Democracy and the Global Order — From the Modern State to Cosmopolitan Governance*. Stanford: Stanford University Press, 1995.

HOBSBAWN, Eric. *Nações e nacionalismo desde 1780*. Rio de Janeiro: Paz e Terra, 1990.

IANNI, Otavio. *Teorias da globalização*. Rio de Janeiro: Civilização Brasileira, 1995.

KANTOROWICZ, Ernst. *Mourir pour la Patrie*. Paris: Presses Universitaires de France, 1984.

KRAUSE & REINWICK. *International Relations and Identities*. Londres: Macmillan, 1996.

MELO, Carolina. "Multiculturalismo e a globalização: desafios contemporâneos ao Estado Nacional", dissertação de mestrado, PUC-Rio, 2001.

ORTEGA Y GASSET. *Meditación del pueblo jóven*. Buenos Aires: Emecé Editores, 1958.

QUEIROZ, Maria Isaura P. "Identidade cultural, identidade nacional no Brasil". *Tempo Social*, 1(1), USP, São Paulo, 1989.

RENAN, Ernest. *Qu'est-ce qu'une nation*. Paris: Editora Mille et Une Nuits, La Petite Collection, 1997.

ROCHA, João Cezar de Castro. "História". *In* JOBIM, José Luís (org.). *Introdução ao romantismo*. Rio de Janeiro: Ed. UERJ, 1999.

ROUANET, Maria Helena. "Nacionalismo". *In* JOBIM, José Luís (org.). *Introdução ao romantismo*. Rio de Janeiro: Ed. UERJ, 1999.

SANO, Rui Kban. "Japoneses: sonhos e pesadelos". *In Trabalhadores*. Campinas: Fundo de Assistência à Cultura da Prefeitura Municipal, 1989.

SARLO, Beatriz. *A paixão e a exceção*. São Paulo/Belo Horizonte: Companhia das Letras/Editora UFMG, 2005.

SCHOLTE, J. "Globalization and collective identities". *In* KRAUSE & REINWICK. *International Relations and Identities*. Londres: Macmillan, 1996.

SCHWARZ, Roberto. "Nacional por subtração". *In Que horas são?* São Paulo: Companhia das Letras, 1989.

TAYLOR, Charles. "The Politics of Recognition". *In Multiculturalism*. Princeton: Princeton University Press, 1994.

VIEIRA, Liszt. *Os argonautas da cidadania*. Rio de Janeiro, Record, 2001.

## Notas

1. Publicado na revista de sociologia política *Política & Sociedade*, v. 5, n° 9, outubro de 2006.
2. Doutor em sociologia, professor da PUC-Rio.
3. Conferir E.H. Kantorowicz, *Os dois corpos do rei*, São Paulo, Companhia das Letras, 1998.
4. Nos idos de 1900, o ditador Porfírio Diaz declarou: "Pobre México! Tão longe de Deus, tão perto dos EUA."
5. Maurice Merleau-Ponty, *A dúvida de Cézanne*, São Paulo, Cosac & Naify, 2004. (Texto original publicado em 1966)

# Diversidade cultural, identidade nacional brasileira e os seus desafios contemporâneos

Antonio Cavalcanti Maia[1]

Nos últimos decênios poucas ideias têm conseguido alcançar adesão próxima da unanimidade quanto a do apreço à diversidade. No que poderia chamar de espaço público letrado progressista, exauridas as propostas e perspectivas de experimentação política e existencial tão valorizadas pelas vanguardas novecentistas, "(...) o gosto pela diversidade baniu o gosto pela inovação".[2] Em um horizonte marcado pelo estreitamento das possibilidades de transformação política, com a hegemonia do pensamento neoliberal, restaram poucos domínios do campo político-social em que se evidenciam vitalidade e propostas de transformação. A identificação, o reconhecimento e a garantia dos direitos das minorias — étnicas, religiosas, sexuais — constituem um inequívoco sinal de aprendizagem político-cultural das democracias contemporâneas.

No entanto, uma excessiva valorização das subidentidades culturais presentes em uma determinada formação social pode colocar em risco a provisória estabilidade das multifacetadas identidades nacionais das complexas sociedades do capitalismo tardio. Tal fenômeno constitui motivo de preocupação em uma sociedade como a nossa, herdeira de um processo de colonização cujo Estado nacional é fruto de um processo histórico cultural recente, formação social marcada por assustadores níveis de exclusão social.

IDENTIDADE E GLOBALIZAÇÃO

Assim, impõe-se como tarefa urgente a procura de uma forma de compreensão da dinâmica das transformações culturais em curso em nosso país que possa, por um lado, respeitar, fomentar — por meio, por exemplo, de políticas públicas — as expressões de nossa diversidade cultural e, por outro, fortalecer os vínculos identitários capazes de garantir coesão simbólica e política à desigual e conflituosa realidade brasileira.

A diversidade cultural, *per se*, tem sido apontada, de longa data, como elemento caracterizador de nossa identidade, começando a se forjar, no fim do século XIX, a ideologia do "Brasil-cadinho".[3] A isso somam-se o recente processo de enraizamento da democracia no Brasil e o correlato alargamento dos espaços de vocalização de diferentes interesses que colocaram no centro das políticas públicas culturais a atenção a grupos identitários minoritários — em especial aqueles menos favorecidos pelas benesses do progresso econômico-social, como os negros e os índios. Dessa forma, constituem inequívocos vetores progressistas as medidas visando a assegurar as especificidades culturais desses setores minoritários, tradicionalmente alijados da condução de seus destinos tanto no plano político quanto no cultural. No entanto, há de se atentar para os riscos que tais medidas podem vir a ensejar no que concerne à "solidez" da identidade nacional brasileira.

Poucos temas são tão elusivos como o das identidades nacionais. Procurarei oferecer alguns elementos no intuito de elucidar esse conceito tão amplamente usado e pouco entendido. De início, desenvolverei considerações buscando compreender o significado da palavra identidade e seu emprego relacionado a certas configurações mentais socialmente referenciadas (como no uso dos termos identidade cultural e identidade nacional). Em um segundo momento, articularei essa temática com cogitações acerca da ques-

DIVERSIDADE CULTURAL...

tão específica da identidade nacional brasileira. Por fim, diante dos dilemas postos por uma excessiva valorização da diversidade vinculada a identidades minoritárias, em um quadro de globalização acelerada — ameaçador da manutenção das identidades nacionais (em especial no momento em que o "imaginário americano [está] em vias de se tornar o imaginário universal"[4]) — defenderei a tese da necessidade da rediscussão do tema da identidade nacional.

\* \* \*

O tema da identidade representa uma perene indagação do discurso filosófico. Desde o momento em que, com Parmênides, "o mundo se dividiu em fenômenos superficiais e essenciais [e] se desmantelou o regime de poderes míticos arbitrários",[5] a busca da definição daquilo que faz com que uma coisa seja aquilo que ela é e não outra coisa (o que acarreta a pergunta acerca da essência das coisas e da diferença em relação a outras) ocupa a atenção dos filósofos. Assim, interessa descobrir aquilo que dá a uma coisa ou pessoa a sua natureza essencial. De um ponto de vista teórico, os conceitos de identidade e diferença aparecem inextricavelmente ligados um ao outro. A identidade de algo implica sua diferença de outras coisas. Pode-se falar de

identidade real (ontológica) na perseverança de um ser, principalmente da substância, através do tempo, apesar da mudança das aparências ou dos acidentes. Essa identidade pode entender-se de maneira mais ou menos rigorosa: assim, por exemplo, o corpo humano, a despeito da sucessiva mudança de suas partes, é considerado como sendo o "mesmo corpo" ainda depois de anos decorridos; o mesmo se diga de comunidades.[6]

IDENTIDADE E GLOBALIZAÇÃO

A definição supramencionada já aponta para o uso desse conceito de identidade para descrever tanto objetos (como, por exemplo, o corpo humano) quanto agrupamentos humanos (comunidades ou nações). Certamente esse emprego amplo do termo não facilita sua precisão conceitual. Mas, é claro, devemos ter sempre em mente, quando procuramos precisar essas formas diversas de identidade humana de que se fala tanto hoje, a origem do termo ligada à ideia de um elemento (ou conjunto de elementos) que compõe o núcleo essencial de algo (o que certamente pode ensejar objeções contundentes à própria possibilidade de discernir uma identidade em conjuntos complexos como países).

Importa observar que falamos de identidades relacionadas a pessoas, culturas e nações. Por exemplo, o Canadá tem nitidamente duas identidades culturais (se não levarmos em consideração os remanescentes descendentes dos indígenas) e uma identidade nacional. Portanto, no tocante às questões relativas às identidades coletivas, em dimensões nacionais, é fato que pode haver mais de uma identidade cultural dentro de um espaço político açambarcado por uma identidade nacional, por exemplo, os bascos e quiçá os catalães na Espanha.

Dentro desse esforço de reduzir a imprecisão terminológica no tocante à noção de identidade, em especial quanto às identidades coletivas, cabe ainda salientar o seguinte:

O termo identidade se converteu em uma dessas palavras-chave que articulam o peculiar engranzamento do pensamento filosófico antropológico com discurso político. (...) Como sucede com quase todos os termos filosóficos aplicados à retórica política, o de identidade tem um confuso ar conceitual e um conteúdo pouco preciso. Duas notas que se veem reforçadas em virtude de sua polissêmica e ubíqua presença. Não constitui, em nenhum caso, um exemplo de noção clara e distinta, como exigiria uma mente cartesiana.[7]

A consciência dessas dificuldades impõe ainda mais cuidado no enfrentamento de tal temática.

> No campo semântico coberto pela noção de identidade cultural, tem-se a identidade como conjunto de características comuns com o qual grupos humanos se identificam (e esse termo alude ao processo psicológico de interiorização de traços e características sociais que se internalizam e passam a constituir os elementos diferenciadores de uns a respeito de outros), estabelece hábitos, "naturaliza" comportamentos, imprime caráter e não poucas vezes, lamentavelmente, exacerba rancores, endogamias, xenofobias.[8]

Falar de identidade no âmbito cultural acarreta, em um certo sentido, uma inescapável referência a uma dimensão interpretativa e a outra normativa, já que "identidade designa algo como uma compreensão de quem somos, nossas características definitórias fundamentais como seres humanos."[9] Trata-se de uma reflexão que lida com um problema relativo à autopercepção de um grupo acerca de si mesmo, de sua história, de seu destino e de suas possibilidades, enraizada necessariamente num certo horizonte valorativo e referida a uma determinada forma de vida. Logo, uma abordagem de natureza hermenêutica se impõe. Quanto à dimensão normativa, inevitavelmente a "carregamos" ao atribuir algum traço como definidor do que seja um ser humano — e, mesmo ciente das objeções antiessencialistas dominantes no tempo presente, saliento que uma descrição naturalista jamais poderá apreender o que está em jogo no âmbito da moral e da moralidade social quando nos refe-

## IDENTIDADE E GLOBALIZAÇÃO

rimos a ideias como imparcialidade, reciprocidade e vulnerabilidade da pessoa humana.

No caso do âmbito mais geral das identidades nacionais na América Latina, como afirma Horácio Guldberg:

> A preocupação pela identidade constitui um dos *leitmotiv* do pensamento latino-americano, mesmo antes de que se possa falar propriamente de América Latina. Que somos? Quem somos? Qual é o papel que nos corresponde na história? Que elementos distinguem a nossa cultura? Até que ponto nos equiparamos com outras zonas culturais? Quem decide sobre nosso presente e futuro? São algumas perguntas que nessas e em outras formulações vêm se reiterando por gerações.[10]

Nas últimas décadas, consagrou-se a interpretação de Benedict Anderson, em seu *Imagined Comunities*,[11] no sentido de que "nacionalidades, assim como nacionalismos, são artefatos culturais de um tipo específico",[12] cuja condição de possibilidade se encontra nas transformações sociais e econômicas observadas com o fim do *Ancien Regime* e a ascensão do capitalismo. Só com a emergência da imprensa em larga escala, no fim do século XVIII, com o abandono do latim e o emprego das línguas vernaculares foi possível gestar uma forma de vinculação e lealdade social — sobre as ruínas das erodidas formas de solidariedade estribadas na religião, alicerçadas em superadas cosmologias, caracterizadoras das hierárquicas sociedades pré-Revolução Francesa — em torno do nacionalismo. Segundo essa interpretação, a nação se concebeu como "uma comunidade política imaginada — e imaginada como inerentemente tanto limitada como soberana"[13] e foi capaz de abrir à autocompreensão dos Estados modernos um todo social sem precedentes. Tal representação simbólica e coletiva comum conseguiu suscitar uma legitimidade sem paralelos, já que, "de fato, a nacionalidade é o mais universalmente legítimo valor na vida política de nosso tempo."[14]

Certamente, há um elemento voluntarista de criação na formação das identidades nacionais observado tanto nas nações-piloto europeias quanto em todas aquelas que se inspiraram nessas experiências fundantes do ideário nacionalista. Em obra recente, a historiadora Anne-Marie Thiesse explicou bem esse fenômeno ao salientar:

> As identidades nacionais não são fatos naturais, mas, construções. A lista de elementos de base de uma identidade nacional é hoje bem conhecida: ancestrais fundadores, uma história, os heróis, uma língua, monumentos, certas paisagens e um folclore. Sua *mise-au-point* foi a grande obra comum realizada na Europa durante os últimos dois séculos. O militantismo patriótico e as trocas transnacionais de ideias e de saberes criaram identidades bem específicas, mas similares na sua diferença.
>
> Forma de organização política estreitamente ligada ao desenvolvimento do capitalismo industrial, a nação fundou sua legitimidade sobre o culto da tradição e a fidelidade a uma herança coletiva. A exaltação do arcaísmo acompanhou a entrada na modernidade.[15]

No entanto, as identidades não têm o caráter exclusivamente construído, mas também repousam sobre um suporte "físico-geográfico e histórico-político". Como salienta José Mattoso:

> (...) identidade nacional não é apenas um fenômeno mental. Tem sempre um suporte objetivo. É praticamente in-

concebível: 1) sem alguma forma de expressão política, isto é, sem que em algum momento da história se manifeste por meio da apropriação de um poder dotado de certo grau de autonomia (ou seja, por meio de alguma forma de Estado); 2) sem um polo espacial e um território determinados, mesmo que esse polo se transfira para outro ponto e que as fronteiras do território variem ao longo dos tempos; 3) sem que a autonomia política e o seu âmbito territorial permaneçam de forma contínua durante um período temporal considerável. Como é evidente, a duração da autonomia política e a continuidade do território são fatores importantes para a solidez e o aprofundamento da identidade nacional.[16]

Nos dias de hoje, uma série de fenômenos contribui para a rediscussão e a possível recodificação do tema da identidade nacional. Razões de índole econômica, política e até filosófica ensejam solo fértil para a retomada de um dos temas mais caros da reflexão política (em especial em nações periféricas). *No domínio da economia*, a globalização, impulsionada por um turbinado capitalismo financeiro, alija os estados nacionais de sua capacidade de gerenciamento minimamente autônomo de seus interesses e necessidades. *No plano político*, por um lado, a redefinição político-geográfica da Europa insta esforços teóricos de compreensão das possíveis novas identidades gestadas a partir dessa experiência singular e admirável; por outro, em vários Estados nacionais, a hegemonia cultural estadunidense e a introdução de uma agenda política inspirada no multiculturalismo (penso, obviamente, no caso do Brasil e também no do México e até do Canadá) inspiram reapropriações de tão cara temática. Ainda no plano político, o fim da União Soviética e o recrudescimento dos nacionalismos — em especial em sua forma quase patológica nos etnonacionalismos — impõem a atenção àqueles concernidos com as problemáticas contemporâneas político-culturais. *No plano filosófico*, a "pervasiva" influência no domínio da cultura letrada ocidental dos impulsos contextualistas provenientes do pós-estruturalismo, em especial sob a forma de uma filosofia da diferença — quer seja, por um lado, em uma matriz mais francesa, com Deleuze, Foucault e Lyotard ou, por outro, em uma matriz fenomenológica, com Derrida — alimenta teoricamente todas as reivindicações identitário-minoritárias. No âmbito da cultura, essas ideias oriundas da tempestuosa atmosfera dos animados anos 60 e 70 municiaram os instigantes trabalhos de importantes críticos culturais, como Aijaz Ahmad, Eduard Said, Homi Bhabha e Stuart Hall, que, da perspectiva de culturas periféricas, interpelam os tradicionais quadros referenciais eurocêntricos.

Pensar a tensão entre identidade nacional e diversidade cultural impõe hoje a necessidade de se levar em consideração essas novas coordenadas teóricas e realidades político-econômicas. E o reequacionamento da questão da identidade nacional brasileira enfrenta, de início, a desconfiança acerca da própria pertinência da questão. Não seria essa uma questão já resolvida? Ou, de outro lado, seria possível, no quadro de crescente integração econômica e simbólica, lidar seriamente com essas vetustas inquietações? Tal dilema não é específico de nossa sociedade. Stuart Hall, referência incontornável no campo dos estudos culturais, mapeando as possíveis consequências do processo de globalização em face das identidades nacionais, aponta três caminhos:

> — As identidades nacionais estão se *desintegrando*, como resultado do crescimento da homogeneização cultural e do "pós-moderno global".

IDENTIDADE E GLOBALIZAÇÃO

— As identidades nacionais e outras identidades "locais" ou particularistas estão sendo *reforçadas* pela resistência à globalização.

— As identidades nacionais estão em declínio, mas *novas* identidades — híbridas — estão tomando seu lugar.[17]

A dificuldade de se situar dentro desse elenco tipificado de opções demanda uma rearticulação de nossas autointerpretações acerca de nossa própria história, possibilidades e perspectivas de futuro e exige o esforço teórico de nossos intelectuais, em especial da nova geração,[18] na busca de novas formas de compreensão que contribuam para uma diferente inteligibilidade da constituição de nossa identidade nacional — quiçá inaugurando um novo período de inquietações em torno dessa temática. À época da comemoração dos 500 anos de descobrimento do Brasil, impulsionada, em muitos casos, por iniciativas oficiais, emergiu uma literatura[19] rediscutindo a formação e as características de nossa identidade nacional e os impasses por ela gerados. Hoje, tanto as iniciativas de mobilização popular e de resgate da autoestima, insufladas pelo governo federal,[20] como a sensível mudança do papel geopolítico do Brasil — com a sua aproximação das nações emergentes — conduzida pelo Itamaraty na gestão de Celso Amorim, ensejam um cenário propício à retomada da discussão acerca de um projeto nacional de país e, *ipso facto*, questões como identidade nacional, patriotismo, nacionalismo, interesses republicanos, entre outras.

Quanto à pertinência das reflexões a respeito da identidade nacional brasileira, acredito que devem ser rechaçadas todas as posições céticas em relação à viabilidade dessa investigação. Afinal, até o grande inspirador das políticas da diferença, Jacques Derrida, afirmou recentemente:

DIVERSIDADE CULTURAL...

Em certas situações, deve-se, todavia, assumir responsabilidades políticas que nos ordenem uma certa solidariedade para com aqueles que lutam contra essa ou aquela discriminação, e para fazer reconhecer uma identidade nacional ou linguística ameaçada, marginalizada, minorizada, deslegitimizada (...).[21]

Não parece necessário expender uma argumentação persuasiva para destacar as ameaças sofridas por nossa identidade, seja diante de movimentos identitários minoritários, seja, sobretudo, perante a crescente hegemonia econômica e cultural americana.

Assim, no caso específico da formação social brasileira, devemos retomar as reflexões acerca de nossa autoconsciência nacional coletiva. Com efeito, em primeiro lugar, um país com as nossas dimensões, marcado por diferenças regionais gritantes e com níveis de exclusão social inaceitáveis, não pode se dar ao luxo de abandonar os esforços de manutenção e criação de valores compartilhados que possam motivar um mínimo engajamento cívico e uma realocação de recursos a partir dos interesses gerais republicanos. Em segundo lugar, se o Brasil acalenta alguma esperança de ter voz independente no cenário internacional — sem, obviamente, necessidade de assumir posições que levem a confrontos xenófobos, mas que, certamente, se afastem de posições subservientes — como uma potência média de escala continental, com interesses no hemisfério sul, necessitamos reforçar nossos vínculos identitários (no mesmo momento em que devemos atender a reivindicações culturais minoritárias).

No tocante às reivindicações minoritárias, no horizonte contemporâneo em nosso país, nos últimos anos tem crescido um debate em torno da incorporação da discussão acerca do multiculturalismo — de origem norte-atlân-

IDENTIDADE E GLOBALIZAÇÃO

tica — em nosso panorama cultural. Sobretudo a partir dos movimentos ligados às demandas formuladas por negros, em legítima manifestação de descontentamento pela situação de exclusão social em que se encontra parcela significativa desse grupo.

A temática do multiculturalismo tem ocupado um lugar de destaque nos debates teóricos na última década. Questão oriunda da própria dinâmica de diversas formações sociais contemporâneas — quer seja pela existência de mais de um grupo linguístico-cultural em um mesmo Estado nacional, quer seja pelos resultados dos significativos movimentos migratórios observados nos últimos decênios — impôs-se como um problema a ser enfrentado pelas democracias constitucionais contemporâneas.

Em uma primeira abordagem desse termo de difícil definição, podemos pensar em multiculturalismo referenciado às diferenças presentes entre distintos "padrões civilizacionais": a civilização ocidental de matriz cristã, o mundo do islã, a civilização chinesa, a cultura indiana e o mundo africano. Em um segundo nível, certamente mais próximo da forma como essa problemática tem sido tematizada em nosso país, pensa-se em multiculturalismo quando se identifica, por um lado, a presença de diferenças étnicas marcantes num mesmo Estado nacional (os exemplos canadense e belga são ilustrativos); por outro, a emergência das reivindicações articuladas por grupos minoritários (mulheres, minorias étnicas, sexuais, negros etc.).

Essa agenda política impôs-se originalmente na América do Norte. Não é episódico o fato de que a reflexão teórica marco desse domínio de cogitações seja proveniente de um intelectual canadense: Charles Taylor. Em seu texto "A política do reconhecimento", ele procura oferecer uma grade de inteligibilidade a essa peculiar forma de luta política que se estrutura, "em favor de grupos

DIVERSIDADE CULTURAL...

minoritários ou 'subalternos', em algumas modalidades de feminismo e naquilo que se chama política do multiculturalismo".[22] Um intelectual bilíngue como ele, preocupado com a peculiar situação do Canadá, onde convivem com razoável grau de tensão dois grupos étnicos, falando línguas diferentes e herdeiros de culturas — a inglesa e a francesa — que durante os últimos séculos estiveram em conflito, apresenta uma especial sensibilidade para esse controvertido problema, cada vez mais presente nas sociedades contemporâneas.

É claro que uma sociedade como a nossa não poderia ficar distante desse debate. Por um lado, pode-se falar de uma espécie de movimento de "contágio" geral das ideias que faz com que as temáticas — em geral oriundas da cultura norte-atlântica — passem a ocupar a atenção também dos debates intelectuais das nações periféricas. Por outro, a própria composição étnica de nosso país pode nos levar rapidamente a reconhecer que assistimos em nosso país um "suposto multiculturalismo de nascença".[23] No entanto, enfrentamos em relação a essa questão um desconforto permanente, o qual se apresenta na complexa recepção de ideias estrangeiras. Uma reflexão teórica que se desenvolveu a partir das situações específicas do Canadá e dos Estados Unidos nem sempre pode ser aplicada sem a devida filtragem em um contexto cultural bem distinto como o nosso.

Possivelmente temos aqui um dos principais desafios teóricos às novas gerações de intelectuais em nosso país. É fato que um certo léxico inspirado na matriz teórica canadense e americana já está presente no discurso de diversos grupos políticos e culturais. É clara a importância dessa inspiração ao municiar grupos tradicionalmente desprivilegiados — tanto na distribuição das benesses econômicas como no acesso a posições de relevância no sistema político. Todavia, há a necessidade de uma mais cuidadosa compreensão do que significa realmente os termos nos quais uma agenda política pautada pelo multiculturalismo se desenrola, bem como as possibilidades abertas por tal forma de articulação das demandas políticas. Quanto aos dilemas de uma importação apressada dessa agenda, sintetiza uma abalizada observadora do quadro cultural brasileiro:

> (...) adotam-se fielmente, entre nós, enfoques que dizem respeito apenas ao mundo anglo-saxônico, sem levar em conta as diferenças de nossas histórias e culturas latino-americanas. Por exemplo: fala-se em multiculturalismo quando aqui já temos, há muito, sincretismo e transculturação, competentemente teorizados e estudados por pensadores latino-americanos. O multiculturalismo, cuja crítica também já está sendo feita dentro dos EUA, favorece a manutenção de guetos estanques, vistos com uma tolerância que responde a interesses econômicos.[24]

O maior perigo dessa "adaptação" em nossa cultura de uma perspectiva alienígena reside no fato de que tanto no Canadá quantos EUA o multiculturalismo está assentado em um enfoque *segregacionista*. No caso do Canadá, o desafio é estabelecer uma parametrização jurídico-constitucional capaz de ensejar um solo no qual pode prosperar a convivência não conflituosa entre duas culturas (em especial a francófona) que querem manter-se separadas. Já em relação aos EUA, o racismo desse país assumiu já há algum tempo um caráter segregacionista. Será que no Brasil o nosso racismo apresenta esse traço característico? A nossa experiência multissecular, marcada pela especificidade da colonização portuguesa, não originou uma forma diferente de lidar com o conflito de raças presentes no seio de nossa nação? Não se está aqui fazendo a defesa da contro-

DIVERSIDADE CULTURAL...

vertida tese da "democracia racial", justamente criticada nas últimas décadas em nosso país. Porém, é evidente a especificidade de nossa experiência cultural, demandando a construção de um quadro interpretativo próprio.

Essas questões referenciadas ao multiculturalismo devem ser também enfrentadas, pelo menos no plano teórico, com repercussões no campo da produção simbólica (no domínio da impregnação difusa das mentalidades), por meio de uma rediscussão do tema da identidade nacional — assunto que já tem merecido ampla discussão acadêmica na cultura norte-atlântica.

A respeito da retomada de um questionamento acerca da nossa identidade nacional brasileira, cabe destacar que ela tem que ser feita a partir de uma apropriação crítica do nosso passado, sem cair nos lugares-comuns, usuais nessa discussão, nem adotar bandeiras ufanistas. Entretanto, ela se afastará radicalmente de certos discursos impregnados de miserabilismo[25] fatalista e vislumbra o papel do Brasil distante de uma posição de subalternização política. Deve-se procurar articular elementos que possam funcionar como uma espécie de vetor motivador capaz de mobilizar os cidadãos brasileiros a se engajarem em um projeto coletivo. Assim, as possíveis lealdades despertadas por um discurso capaz de reforçar a nossa coesão poderão ser usadas nas inúmeras tarefas necessárias à construção de um país menos injusto. Tais lealdades se articulam com um "teor de aderência profunda"[26] com que nos sentimos e sabemos brasileiros, relacionados a uma certa identidade brasílica — não claramente definida, porém emocionalmente relevante. E esforços para garantir formas de motivação capazes de galvanizar os contraditórios interesses presentes na sociedade brasileira podem ser úteis no intuito de criar uma vontade política além dos interesses econômicos imediatos, a reboque do "mercado". Assim, seria possível conclamar as diferentes forças políticas, sensibilizadas no sentido de apresentar uma disponibilidade para moderar seus interesses particulares em função do bem comum.

Ainda quanto à problemática da identidade nacional, devemos estar cientes de três ideias fundamentais: 1) Falamos de identidade sempre que dizemos quem somos e quem queremos ser; 2) No processo de transmissão de nossa herança cultural, abre-se a possibilidade de decidir quais de nossas tradições nós queremos continuar e quais não queremos: há uma capacidade de filtragem das tradições; 3) "Nossa identidade não é somente algo que nós recebemos; ela é ao mesmo tempo nosso próprio projeto."[27]

Saliente-se também o seguinte: os que advogam uma retomada da discussão acerca da identidade nacional não podem deixar de reconhecer as objeções formuladas pelo pensamento de inspiração marxista. *Grosso modo*, essa tradição, caracterizada por seu universalismo, desqualifica reivindicações de natureza particularista (somada ao fato de que as propostas nacionalistas, com seu reforço a vínculos identitários, em geral se encontram defendidas por forças políticas conservadoras); além disso, os discursos fomentadores da identidade nacional apostam em um apelo à unidade na diversidade, obnubilando as diferenças, como as de classe, tão caras à compreensão marxista da dinâmica social e definidoras dos enfrentamentos políticos. Impossível dar uma resposta sucinta a essas objeções. No entanto, a forma pela qual foi qualificado o nacionalismo neste artigo (bem como todos os cuidados que a noção de patriotismo constitucional requer, como será explicitado a seguir) pode imunizá-lo dessas críticas, pois encerra um potencial indicador de uma saída para essas contradições.

O enquadramento dado à questão das identidades pelo filósofo Manuel Maria Carrilho, ex-ministro da Cultura de Portugal, ilumina as dificuldades de um tema que certa-

DIVERSIDADE CULTURAL..

mente não é isento de ambiguidades, em especial do ponto
de vista da esquerda. Pedindo paciência ao leitor pela extensão da citação:

> Diz-se muitas vezes que a cultura é a base da identidade
> de um povo. É uma tese que, na sua generalidade, se pode
> prestar a confusões, mas que uma posição de esquerda
> pode aceitar sem dificuldades desde que se pense a iden-
> tidade mais como um *projeto* do que como um adquirido.
> A direita pensa que a identidade é uma substância — uma
> espécie de fundo inalterável de convicções e de sentimen-
> tos — que a política cultural deve defender. É uma con-
> cepção catatônica que se fecha ao próprio movimento de
> transformação das sociedades sem o qual, afinal, nenhu-
> ma identidade consegue pendurar.
> Qualquer cultura, digamo-lo de um modo mais preci-
> so, se caracteriza por um movimento que só afirma a sua
> identidade, questionando-a. As identidades submissas de
> que gosta o discurso de direita só existem em culturas
> mumificadas e nos seus estereótipos políticos. O discurso
> cultural da esquerda deve privilegiar não a conservação,
> mas a *construção da identidade*, na convicção de que ela
> é, em cada momento, o retrato do jogo plural das diversi-
> dades mais dinâmicas numa sociedade.[28]

Possivelmente, a maior dificuldade enfrentada pela retomada dos temas ligados à identidade nacional, com a
busca da identificação de nossa singularidade cultural e a
evocação de temas como patriotismo e o correlato engajamento cívico, se encontra no esforço de desarmar as vozes
críticas da esquerda.[29] Como não são pequenos os riscos
de um discurso como esse cair no ufanismo ou em bravatas
patrióticas, ensejando um esmorecimento das vozes críticas tão necessárias na identificação das inúmeras mazelas

IDENTIDADE E GLOBALIZAÇÃO

presentes em nossa formação social, encontramo-nos diante do paradoxo: a tensão entre uma crítica pungente dos problemas da época e a elaboração construtiva das formas que permitam encontrar saídas.[30] Entretanto, nos dias de hoje, devemos, pelo menos, reconhecer a seguinte lição: "Nós ainda nos recusamos a reconhecer a riqueza da singularidade [da nossa experiência, A.M.], *sempre preocupados com o que nos falta e não com o que já temos.*"[31] (grifo meu)

Por fim, há de se reconhecer que o tema da identidade nacional — e como poderemos construir uma identidade racional coletiva — tornou-se uma questão crucial para a nossa sociedade. No tocante à formação social brasileira, vários fatores, como já destacado, nos últimos anos têm ensejado um ambiente favorável às cogitações acerca de um dos temas mais caros às nações periféricas, sobredeterminadas pelos influxos econômicos e culturais das nações-piloto: a questão da identidade nacional. Verdadeiro *leitmotiv* do pensamento latino-americano, questão nuclear dos movimentos modernistas dos anos 20 e 30, retomada quando da efervescência política dos anos 60 e 70, está novamente na ordem do dia. Os efeitos da globalização, bem como as discussões relativas ao multiculturalismo, operam como *forças centrífugas*, contribuindo para o esgarçamento e o enfraquecimento dos vínculos de identidade. Ademais, a constatável complexificação da sociedade brasileira, acompanhada da emergência de novos polos econômicos em nosso país — como, por exemplo, o crescimento do peso econômico cultural dos Estados do sul brasileiro — aceleram o processo de regionalização e colocam problemas ao modelo federativo (federalismo cooperativo ou federalismo competitivo?).

Assim, faz-se necessário identificar quais fatores e tendências poderão contribuir como *forças centrípetas* à ma-

DIVERSIDADE CULTURAL...

nutenção e ao reforço de uma identidade nacional brasileira[32] capaz de garantir um substrato político-simbólico mobilizador e capaz de nos auxiliar nas inúmeras tarefas que se descortinam em nosso horizonte próximo, marcado pela retomada das discussões acerca de um projeto de país e pressionado pela avassaladora presença econômica e ideológica estadunidense. Tais questões adquirem particular urgência no quadro de crescente integração regional do Brasil no Mercosul e a relação desse bloco *vis-à-vis* a Área de Livre Comércio das Américas (Alca).

## Notas

1. Doutor em filosofia. Professor dos programas de pós-graduação em direito da Universidade do Estado do Rio de Janeiro e da Pontifícia Universidade Católica do Rio de Janeiro.

2. Farhad Khosrokhavar, "Introdução", *In* Alain Touraine. *A busca de si,* Rio de Janeiro, Bertrand Brasil, 2004, p. 14.

3. Neste sentido, ver Renato, Ortiz "Da raça à cultura: a mestiçagem e o nacional", *In Cultura brasileira e identidade nacional,* São Paulo, Brasiliense, 2003, p. 36-44.

4. Eduardo Lourenço, *A nau de Ícaro e imagem e miragem da lusofonia,* São Paulo, Companhia das Letras, 2001, p. 65.

5. Jürgen Habermas, "El manejo de las contingencias y el retorno del historicismo", *In* Józef Niznik e John T. Sanders (eds.), *Debate sobre la situación de la filosofía,* Madrid, Cátedra, 2000, p. 15-16.

6. Walter Brugger, *Dicionário de filosofia,* São Paulo, Editora Pedagógica e Universitária, 1987, p. 220. O tema identidade pode ser entendido também, segundo a lição de Ricoeur, em dois sentidos: identidade como mesmidade

IDENTIDADE E GLOBALIZAÇÃO

(*mêmete/sameness*) — sentido tradicional relacionado ao conceito de identidade numérica (por exemplo: 2=2) e, em outro sentido, ipseidade — ou identidade de si (*self-hood*). Como explica Stéphane Ferret, "Ricoeur. Identité et ipséité", *in L´identité*, Paris, Flammarion, 1998, p. 194. No tocante à identidade individual, essa se define por aquilo que é singularmente indispensável para que determinado indivíduo seja ele mesmo.

7. Juan Carlos Velasco Arroyo, *La teoria discursiva del derecho,* Madrid, Centro de Estudios Políticos y Constitucionales, 2000, p. 195.

8. Horacio Cerutti Gulberg, "Identidad y dependencia culturales", *In* David Sobrevilla (ed.), *Filosofía de la cultura,* Madrid, Trotta, 1998, p. 136.

9. Charles Taylor, "A política do reconhecimento", *In Argumentos filosóficos,* São Paulo, Loyola, 2000, p. 241.

10. Horacio Cerutti Gulberg, "Identidad y dependencia culturales", *op. cit,* p. 132.

11. Benedict Anderson, *Imagined Comunities*, Londres, Verso, 1998.

12. Idem, p. 4

13. Idem, p. 6.

14. Idem, p. 3.

15. Anne-Marie Thiesse, *La création des identités nationales. Europe XVIIe — XXe siècle*, Paris, Éditions du Seuil, 1999, p. 322.

16. José Mattoso, *A identidade nacional*, Lisboa, Gradiva, 2001, p. 7.

17. Stuart Hall, *A identidade cultural na pós-modernidade*, Rio de Janeiro, DP&A, 2000, p. 69.

18. Essa difícil tarefa já começa a ser realizada nas densas reflexões de Jessé Souza, na aguda análise de Adrián Gurza Lavalle, na cuidadosa reconstituição de José Carlos Reis, nas prospectivas abordagens de José Maurício Domingues

e no ponderado exame de Sérgio Costa (quanto às referências bibliográficas desses autores, ver anexo).

19. Como, por exemplo: Marilena Chauí, *Brasil: mito fundador e sociedade autoritária*. São Paulo, Editora Fundação Perseu Abramo, 2001; José Geraldo Couto *et al.* (org.), *Quatro autores em busca do Brasil: entrevistas a José Geraldo Couto*, Rio de Janeiro, Rocco, 2000; Celso Lafer, *A identidade internacional do Brasil e a política externa brasileira: passado, presente e futuro*, São Paulo, Perspectiva, 2001; Flavio Pinheiro e Paulo Roberto Pires (org.), *Próximos 500 anos: as perguntas que o Brasil vai ter que responder*, Rio de Janeiro, Aeroplano, 2000; Luciano Alabarse (org.), *Outros 500 anos — novas conversas sobre o jeito do Brasil*, Porto Alegre, Prefeitura Municipal, 2000; Fábio Lucas. *Expressões da identidade brasileira*, São Paulo, Educ, 2002; Lourenço Dantas Mota (org.), *Introdução ao Brasil. Um banquete no trópico, v. 2*, São Paulo, Editora Senac, 2001; e Donaldo Schüler. *Na conquista do Brasil*, São Paulo, Ateliê Editorial, 2001.

20. Veja-se a primeira avaliação feita dessa onda de patriotismo patrocinada pelo governo federal: Caio Liudvik, "Nacional por adição". *In Nacional S.A.*, Caderno Mais! *Folha de S.Paulo*, 19 de setembro de 2004, p. 4-5. Saliente-se que boa parte dos intelectuais entrevistados se manifestou com bastante desconfiança desse "verde-amarelismo" propulsionado pelo atual governo.

21. Jacques Derrida, *De que amanhã: diálogo — Jacques Derrida/ Elisabeth Roudinesco*, Rio de Janeiro, Jorge Zahar Editor, 2004, p. 34.

22. Charles Taylor, "A política do reconhecimento". *In Argumentos filosóficos*, São Paulo, Loyola, 2000, p. 241-274.

23. Paulo Eduardo Arantes, *Zero à esquerda*, São Paulo, Conrad, 2004, p. 152.

IDENTIDADE E GLOBALIZAÇÃO

24. Leyla Perrone-Moisés, "Pós-estruturalismo e desconstrução nas Américas." In _____ (org.), *Do positivismo à desconstrução: ideias francesas na América*, São Paulo, Edusp, 2004.

25. Quanto a essa ideia, veja-se, por exemplo, o que destaca Fábio Lucas: "No Brasil, atravessamos também grave crise de autoestima. Isto se reflete em vários tipos de conduta pública, em que o brasileiro se apresenta hesitante quanto à própria identidade e absurdamente cáustico quanto ao seu futuro. O anedotário depreciativo de sua capacidade constitui vibrante indicador do desapreço que o nosso cidadão alimenta a respeito de si mesmo e das possibilidades do país." Fábio Lucas, *Expressões da identidade brasileira, op. cit.*, p. 185.

26. Eduardo Lourenço, *Nós e a Europa — ou as duas razões*, Lisboa, Imprensa Nacional/Casa da Moeda, 1994, p. 10.

27. Jürgen Habermas, "Reply to symposium participants, Benjamin N. Cardozo School of Law" *In* Michel Rosenfeld e Andrew Arato (ed.), *Habermas on Law and Democracy*, Berkeley, University of California Press, 1998, p. 399. Cabe consignar serem essas duas outras ideias também provenientes das reflexões habermasianas, posto que a questão da identidade nacional alemã constitui um dos motivos axiais de suas preocupações.

28. Manuel Maria Carrilho, *Aventuras da interpretação*, Lisboa, Editorial Presença, 1995, p. 71-72. Em outra passagem esclarecedora: "Tudo é todavia bem diferente se se flexibilizar a concepção da identidade e se, em vez de se ver nela a manifestação da alma de um povo vagueando acima das vicissitudes históricas do seu 'destino', a considerarmos antes como a construção de uma configuração sem forma rigidamente definida e sem sentido previamente determinado. Ou seja, se se conceber a identidade — seja ela nacional, tribal ou pessoal — mais como uma

proposta do que como uma substância; não como algo que se tem e que se pode descobrir, mas, pelo contrário, como algo que se *inventa* e *constrói*." Idem, p. 155.

29. Novamente explica Manuel Carrilho, citando Eduardo Lourenço: "Convencido de que 'os valores de *pátria*, do *patriotismo*, do *sentimento nacional*, pelo seu teor afetivo, de raiz irracional, não costumam ser reivindicados pela esquerda', mas que isso é um 'erro funesto', E. Lourenço faz uma leitura da nossa história de modo a tornar esses valores *investíveis* pela esquerda." Manuel Maria Carrilho, *Elogio da modernidade*, Lisboa, Editorial Presença, 1989, p. 89.

30. Quanto a esse paradoxo, sigo a formulação de Adrián Gurza Lavalle, *Vida pública e identidade nacional: leituras brasileiras*, São Paulo, Globo, 2004.

31. Luiz Werneck Vianna e Maria Alice Rezende de Carvalho, "Experiência brasileira e democracia" *In* Sérgio Cardoso (org.), *Retorno ao republicanismo*, Belo Horizonte, UFMG, 2004, p. 223.

32. Um debate que tem ocupado a atenção de importantes setores do pensamento nacional pode ser articulado com essas preocupações relativas à construção de um discurso político que funcione no sentido de reforçar a nossa identidade nacional. Sobre o assunto, confira-se: Sérgio Cardoso (org.), *Retorno ao republicanismo*, Belo Horizonte, Editora UFMG, 2004; e Newton Bignotto (org.), *Pensar a república*, Belo Horizonte, Editora UFMG, 2002.

## Anexo

Quanto às referências indicadas na nota 18 acerca dos autores que já apresentam em seus trabalhos recentes os si-

## IDENTIDADE E GLOBALIZAÇÃO

nais dessa inquietação relativa às tradicionais análises de nossa identidade nacional, saliento neste momento apenas os seguintes pontos:

A) Em relação a Jessé Souza, a publicação recente de *Modernidade seletiva* apresenta um novo panorama à explicitação da problemática de nossa identidade nacional a partir de uma releitura de intérpretes-marco que condicionaram nossa autopercepção. Ancorado em um sólido conhecimento de Max Weber e Norbert Elias, à luz de matrizes teóricas vinculadas à Escola de Frankfurt — Habermas e Honneth — e do brilhante trabalho de Charles Taylor, Jessé Souza desconstrói algumas das leituras padrões de nosso país (Buarque de Holanda, Faoro, Da Matta e Freyre). Eleva essa reflexão a um patamar hermenêutico mais refinado, na busca de "esclarecer a singularidade do tipo de sociedade, de cultura política e de comunicação cultural que aqui se processou."[1] Sirvo-me também do resumo feito por Rachel Barros Nigro em "Considerações sobre a identidade nacional":

> Como destaca Jessé Souza, a interpretação dominante dos brasileiros sobre si mesmos está permeada por uma "sociologia da inautenticidade", um sistema inter-relacionado que engloba os conceitos de herança ibérica, personalismo e patrimonialismo, e que exerce poderosa influência sobre o pensamento social, ou seja, sobre nossa reflexão sobre nós mesmos.

Quanto à sociologia da inautenticidade, temos que: "os Estados Unidos são a referência principal também para nossa sociologia da inautenticidade, como o nosso 'outro' por excelência."[2]

A título de exemplo, no tocante a um aspecto central das leituras canônicas de nosso país, esclarece Jessé:

DIVERSIDADE CULTURAL...

Isso não significa que o homem cordial não tenha qualidades para Sérgio Buarque. O fato é que essas qualidades, que foram tão importantes na criação de uma grande nação nos trópicos, como a plasticidade, a capacidade de acomodação e o compromisso com o gentio e com o meio físico, são as mesmas vistas como obstáculo para a criação de uma *grande nação moderna*. Esse é o ponto.[3]

B) Já Sérgio Costa, em original análise, enfrenta o crucial debate acerca do componente racial, de origem negra, em nossa identidade nacional. Atento à reconfiguração que essa problemática assumiu no Brasil a partir da importação da temática do multiculturalismo, impõe, por meio de seu trabalho, a necessária adequação dessa categoria à explicitação do nosso *punctum dolens* identitário.[4]

C) José Carlos Reis, com o sucesso de vendagem (seis edições entre 1999 e 2003), demonstra a avidez dos brasileiros pelo conhecimento das grandes narrativas que inventariam e inventam nossa identidade nacional. Como destacado na apresentação de seu livro:

> Neste livro, José Carlos Reis seleciona, retoma e analisa algumas das mais importantes interpretações do Brasil, aquelas que ultrapassaram a condição de simples referências intelectuais, de meros modelos discursivos, para se tornar as "inventoras" das identidades do Brasil vivido e real, orientando os brasileiros em suas opções políticas, em sua autolocalização, autoidentificação e autorrepresentação.[5]

D) Inscrevendo-se em uma tradição de ambiciosa análise civilizacional — por exemplo, no campo das relações entre Ocidente e Oriente — e referenciado às sociologias comparativas das culturas de Johann P. Arnason e Shmuel Eisenstadt, José Maurício Domingues assume uma posição prospectiva, pouco usual nas ciências sociais.

IDENTIDADE E GLOBALIZAÇÃO

Zéa (1965) argumentou que os "latino"-americanos têm inquirido sobre quem são os termos particulares, antes que em termos diretamente universalistas: eles podiam perceber que não eram "homens" em geral — estavam jogados em condições particulares e sabiam que não eram ocidentais, ângulo que escapa habitualmente a esses últimos, pois tomam sua condição como universal para a espécie humana. Os "latino"-americanos tinham de compreender a particularidade de modo a compreender a condição humana em geral. Será que isso mudou com o desenvolvimento de uma modernidade global cada vez mais explícita? Esse não parece ser o caso. A região em seu conjunto se "ocidentalizou" — isto é, modernizou-se em grande medida; e, conquanto não venha a se tornar ocidental, esses países são agora claramente modernos. Isso não quer dizer que o problema da identidade tenha tomado chá de sumiço: pode estar adormecido por vezes, porém decerto ele ou é abertamente discutido ou permanece latente, uma vez que não podemos evitar a questão acerca do que é ser moderno na periferia da modernidade global, ainda que a questão e sua resposta devam ser articuladas em termos bastante distintos em relação a como o foram anteriormente.[6]

E) Em brilhante trabalho, possuidor de uma combinação rara — erudição histórica, acuidade conceitual e sofisticação metodológica — Adrián Gurza Lavalle revisita autores dos mais marcantes do pensamento social brasileiro. Seleciono apenas a seguinte passagem — definindo identidade nacional como um "compósito decantado":

Nos autores que pensaram o Brasil diante do horizonte aberto pela Revolução de 30, a identidade é a um termo virtude e defeito, compósito decantado no decorrer de

114

DIVERSIDADE CULTURAL...

longos processos históricos que, incorporado cultural e psicologicamente, caracteriza de forma mais ou menos unitária o conjunto da população — não as raças ou certas camadas. Por isso, a identidade é, em tese, passível de mudança mediante o efeito vagaroso das tendências socioeconômicas de longo prazo.[7]

## Bibliografia

AHMAD, Aijaz. *Linhagens do presente — Ensaios*. São Paulo: Boitempo, 2002.

ANDERSON, Benedict. *Imagined Comunities*. Londres: Verso, 1998.

BIGNOTTO, Newton (org.). *Pensar a república*. Belo Horizonte: Editora UFMG, 2002.

BRUGGER, Walter. *Dicionário de filosofia*. São Paulo: Editora Pedagógica e Universitária, 1987.

CARDOSO, Sérgio (org.). *Retorno ao republicanismo*. Belo Horizonte: Editora UFMG, 2004.

CARRILHO, Manuel Maria. *Elogio da modernidade*. Lisboa: Editorial Presença, 1989.

_____. *Aventuras da interpretação*. Lisboa: Editorial Presença, 1995.

CRONIN, Ciaran. "Democracy and Collective Identity: In Defence of Constitutional Patriotism". *In European Journal of Philosophy*. London: Blackwell Publishing, v. 11, nº 1, abril de 2003.

DERRIDA, Jacques. *De que amanhã: diálogo/ Jacques Derrida/Elisabeth Roudinesco*. Rio de Janeiro: Jorge Zahar Editor, 2004.

DOMINGUES, José Maurício. "Identidades, culturas e institui-ções". *In Do Ocidente à modernidade: intelectuais e mudança social*. Rio de Janeiro: Civilização Brasileira, 2003.

FERRET, Stéphane. "Ricoeur. Identité et ipséité". *In L´identité*. Paris: Flammarion, 1998.

GIDDENS, Anthony. *Modernidade e identidade*. Rio de Janeiro: Jorge Zahar Editor, 2002.

GULBERG, Horacio Cerutti. "Identidad y dependencia culturales". *In* SOBREVILLA, David (ed.). *Filosofía de la cultura*. Madrid: Trotta, 1998.

GURZA LAVALLE, Adrián. *Vida pública e identidade nacional: leituras brasileiras*. São Paulo: Globo, 2004.

HABERMAS, Jürgen. "El manejo de las contingencias y el retorno del historicismo". *In* NIZNIK, Józef e SANDERS, John T. (eds.). *Debate sobre la situación de la filosofía*. Madrid: Cátedra, 2000.

HALL, Stuart. *A identidade cultural na pós-modernidade*. Rio de Janeiro: DP&A, 2000.

HOSROKHAVAR, Farhad. "Introdução". *In* TOURAINE, Alain. *A busca de si*. Rio de Janeiro: Bertrand Brasil, 2004.

LIUDVIK, Caio. "Nacional por adição". *In Nacional S.A.*; Caderno Mais! *Folha de S. Paulo*, 19 de setembro de 2004.

LOURENÇO, Eduardo. *Nós e a Europa — ou as duas razões*. Lisboa: Imprensa Nacional/Casa da Moeda, 1994.

_____. *A nau de Ícaro e imagem e miragem da Lusofonia*. São Paulo: Companhia das Letras, 2001.

_____. *A Europa desencantada — para uma mitologia europeia*. Lisboa: Gradiva, 2001.

LUCAS, Fábio. *Expressões da identidade brasileira*. São Paulo: Educ, 2002.

MATTOSO, José. *A identidade nacional*. Lisboa: Gradiva, 2001.

NIGRO, Rachel Barros. "Considerações sobre a identidade nacional". *In* MAIA, Antonio Cavalcanti *et al.* (org.). *Perspectivas atuais da filosofia do direito*. Rio de Janeiro: Lumen Iuris, 2005.

PINHEIRO, Flávio e PIRES, Paulo Roberto (org.). *Próximos 500 anos: as perguntas que o Brasil vai ter que responder*. Rio de Janeiro: Aeroplano, 2000.

ORTIZ, Renato. "Da raça à cultura: a mestiçagem e o nacional". *In Cultura brasileira e identidade nacional*. São Paulo: Brasiliense, 2003.

RORTY, Richard. *Para realizar a América. O pensamento de esquerda no século XX na América*. Rio de Janeiro: DP&A Editora, 1999.

SMITH, Anthony D. *Nações e nacionalismo numa era global*. Oeiras: Celta Editora, 1999.

SOUZA, Jessé. *A modernização seletiva: uma re-interpretação do dilema brasileiro*. Brasília: Editora Universidade de Brasília, 2000.

_____. "Elias, Weber e a singularidade cultural brasileira". *In* WAIZBORT, Leopoldo (org.). *Dossiê Norbert Elias*. São Paulo: Edusp, 1999.

TAYLOR, Charles. "A política do reconhecimento". *In Argumentos filosóficos*. São Paulo: Loyola, 2000.

THIESSE, Anne-Marie. *La création des identités nationales. Europe XVIIe — XXe siècle*. Paris: Éditions du Seuil, 1999.

VELASCO ARROYO, Juan Carlos. *La teoria discursiva del derecho*. Madrid: Centro de Estúdios Políticos y Constitucionales, 2000.

VIANNA, Luiz Werneck e CARVALHO, Maria Alice Rezende de. "Experiência brasileira e democracia". *In* CARDOSO, Sérgio (org.). *Retorno ao republicanismo*. Belo Horizonte: UFMG, 2004.

IDENTIDADE E GLOBALIZAÇÃO

## Notas

1. Jessé Souza, *A modernização seletiva: uma reinterpretação do dilema brasileiro*, Brasília, Editora Universidade de Brasília, 2000, p. 225.
2. Idem, p. 127.
3. Jessé Souza, "Elias, Weber e a singularidade cultural brasileira" In Leopoldo Waizbort (org.), *Dossiê Norbert Elias*, São Paulo, Edusp, 1999, p. 80.
4. Conferir: Sérgio Costa, *As cores de Ercília: esfera pública, democracia, configurações pós-nacionais*, Belo Horizonte, Editora UFMG, 2002, em especial os capítulos: "A mestiçagem e seus contrários — política e etnicidade" e "Desigualdades raciais e identidades culturais".
5. José Carlos Reis, *As identidades do Brasil: de Varnhagen a FHC*, Rio de Janeiro, Editora FGV, 2003.
6. José Maurício Domingues, "Identidades, culturas e instituições" In Do *Ocidente à modernidade: intelectuais e mudança social*, Rio de Janeiro, Civilização Brasileira, 2003, p. 255.
7. Adrían Gurza Lavalle, *Vida pública e identidade nacional: leituras brasileiras*, São Paulo, Globo, 2004, p. 93.

# Desafios da defesa de uma identidade nacional[1]

Maria Clara Dias

A questão do nacionalismo na ética e filosofia política tem sido frequentemente identificada como a última trincheira do comunitarismo, como parte da crítica a uma moral atrelada a princípios universais vagos e descorporificados, por um lado, e a uma concepção de justiça como imparcialidade e neutralidade frente a concepções de bem específicas, por outro. Tal identificação parece estar baseada no fato de que autores críticos da perspectiva universalista descorporificada, tais como Charles Taylor e David Miller, são também os principais porta-vozes do debate acerca do nacionalismo. A questão da identidade nacional e do direito à autodeterminação nacional tem, contudo, outros aspectos. Se pensarmos no legado político de John Rawls e nas atuais contribuições de Yael Tamir, teremos diante de nós defesas exemplares do nacionalismo, sob o ponto de vista universalista. Mas será que estarão todos esses autores falando de uma mesma coisa? Ou terá a própria questão do nacionalismo aspectos bastante diversos, capazes de acomodar, sem qualquer tipo de incongruência, perspectivas particularistas, por um lado, e universalistas, por outro?

Neste artigo pretendo distinguir dois aspectos do debate acerca do nacionalismo: o da legitimidade da parcialidade frente aos conacionais e o do direito à autodeterminação nacional. Frente a ambos, pretendo defender a tese de que o reconhecimento da identidade nacional pode ser visto não como uma ameaça, mas uma decorrência espontânea de uma concepção moral universalista.

No nosso discurso moral buscamos frequentemente acomodar, sob a forma de princípios ou normas, nossas convicções acerca do que possa propiciar a cada um de nós uma vida mais satisfatória, realizada ou feliz. Com esse intuito, elegemos certos aspectos que consideramos fundamentais para a vida humana e investigamos a melhor forma de satisfazê-los. Como resultado desse processo, surgem generalizações acerca do modo como devemos agir, do tipo de pessoas que devemos ser etc. Regras de ouro ou princípios morais universais têm, portanto, todos uma origem mundana, qualquer que seja a roupagem metafísica que lhes tenha sido imposta por filósofos, teólogos ou mesmo pelo senso comum. Dessa forma, pouco sacralizada, porém bem intencionada, aprendemos, a cada dia, algo mais acerca da "natureza humana", criamos normas de ação e transformamos nossas relações sociais e políticas de forma a preencher melhor nossa expectativa de bem viver. Assim, reconhecemos direitos humanos como forma de impedir a privação absoluta de certos bens essenciais à vida humana, criamos fóruns internacionais para discussão de formas legítimas de intervenção em outros estados e políticas comuns para preservação do meio ambiente e da qualidade da vida humana.

Na investigação acerca do que é fundamental para a realização da pessoa humana ou para a constituição plena de sua identidade, chegamos também ao reconhecimento de que certas pessoas se identificam com comunidades culturais e políticas e que o pertencimento a tais grupos é fundamental para a sua realização pessoal.[2] O não reconhecimento da identidade individual por parte de outros membros do grupo, ou o não reconhecimento público do grupo como uma unidade cultural e política, impede que certos seres humanos venham a constituir uma identidade satisfatória e a se realizar enquanto pessoa. Por conseguinte, se queremos manter a pretensão moral de criar condições para a realização plena da vida humana, o reconhecimento moral ou o respeito a grupos de identidade passa a ser uma mera consequência da constatação empírica de que parte de nossa identidade é assim constituída.

Nesse sentido, há um aspecto das políticas de identidade que não podemos negar se mantivermos a mesma pretensão moral que um dia nos levou ao reconhecimento de direitos humanos. Assim sendo, quanto ao seu fundamento moral, diretos humanos e políticas baseadas em grupos de identidade são perspectivas convergentes. Resta, contudo, saber se em algum ponto tais políticas podem não apenas divergir, mas representar um verdadeiro obstáculo para a realização dos direitos humanos. Tomemos agora como referência a identidade nacional.

## I. O PROBLEMA DA PARCIALIDADE FRENTE AOS CONACIONAIS

O principal foco de divergência entre perspectivas nacionalistas e defensores dos direitos humanos parece estar no comprometimento dos primeiros com uma certa parcialidade moral e política frente a indivíduos de uma mesma nação. A demanda universal pelo reconhecimento de direitos básicos correria, assim, o risco de ter seus limites estabelecidos por fronteiras nacionais. Estamos, portanto, diante do primeiro problema colocado pela questão do nacionalismo, a saber: o problema da parcialidade ou do es-

## IDENTIDADE E GLOBALIZAÇÃO

tabelecimento de obrigações especiais para com os conacionais. É possível legitimar tal parcialidade? Será seu reconhecimento realmente incompatível com uma perspectiva defensora do caráter universal de certos direitos humanos?

Universalistas ou não, há certas premissas que devemos poder assumir de antemão. A primeira é a de que seres humanos necessitam estabelecer vínculos comunitários, pertencer a grupos e ser reconhecidos por eles. Não importa o tamanho dos grupos ou a intensidade dos vínculos, qualquer exceção nesse caso apenas confirma a regra. A segunda é que ao estabelecermos tais vínculos nos sentimos muitas vezes justificados ao adotar uma atitude parcial frente àqueles com os quais estabelecemos relações especiais. Quem pretender dedicar aos amigos a mesma atencão dedicada a estranhos provavelmente perderá os amigos. A mãe que supuser ser razoável se interessar pelo bem-estar de seus filhos na mesma medida em que se interessa pelo bem-estar da humanidade será certamente taxada de fria, indiferente e, mesmo, irresponsável. Nossos sentimentos e nossa disponibilidade são naturalmente finitos. Seria implausível negar que nossas relações com os outros indivíduos, sejam elas voluntárias ou não, determinam não apenas nossas atitudes, mas também o que passamos a compreender como sendo o certo ou o errado. O mais razoável seria, sim, admitir que há esferas distintas de obrigações e que a moralidade perpassa, com interpretações diferenciadas, essas diversas esferas. Seria absurdo, e por demais limitado, pensar que teóricos universalistas defensores dos direitos humanos não concederiam obrigações e responsabilidades especiais de uma mãe para com seus filhos, ou que particularistas não possam reconhecer níveis de carência inadmissíveis para todo e qualquer ser humano.

## DESAFIOS DA DEFESA DE UMA IDENTIDADE NACIONAL

Partimos, assim, do reconhecimento das supostas necessidades partilhadas por todos os seres humanos. Entre elas é agora reconhecida a de estabelecer relações especiais, que por sua vez são capazes de gerar direitos e obrigações específicos entre os indivíduos. Ao reconhecer o valor do estabelecimento de tais relações para realização da vida humana em geral, universalistas estariam dispostos a arcar também com o reconhecimento dos direitos e obrigações especiais gerados em tais contextos.[3] Aqui teríamos, então, um argumento capaz de justificar a existência de obrigações especiais e, entre elas, as que assumimos frente aos nossos conacionais.

Uma segunda estratégia partiria do reconhecimento da extensão e diversidade das demandas geradas pelos seres humanos e buscaria otimizar sua satisfação. Nesse contexto, a proximidade física e/ou cultural permitiria um atendimento mais imediato e satisfatório das demandas. Parte-se assim da premissa de que os membros de uma mesma comunidade estejam mais aptos para reconhecer o melhor meio de satisfazer as necessidades de seus pares.[4] Essa opção adotaria, portanto, os vínculos nacionais como um instrumento para melhor satisfazer as demandas humanas.

O segundo argumento é, portanto, especificamente a favor do reconhecimento da identidade nacional. Há aqui uma instrumentalização da identidade nacional para fins mais gerais. Isso torna o reconhecimento da identidade nacional importante apenas enquanto ela for realmente vista como um bom instrumento para implementação de tais fins. Essa instrumentação pode desagradar a alguns, pois nega qualquer valor intrínseco que pudéssemos querer atribuir à identidade nacional. Não vejo, contudo, como algum argumento a favor do reconhecimento de obrigações especiais frente aos conacionais possa ter outro caráter. Como todas as regras morais, tais obrigações visam a promover o bem-estar dos seres humanos e cessam tão logo deixem de cumprir esse papel. Esse argumento, chamado pragmático ou instrumentalista, a favor do nacionalismo apresenta, além de tudo, a grande vantagem de ser suprimido tão logo o nacionalismo comece a assumir formas moralmente condenáveis, ou seja, comece a representar uma ameaça ao bem-estar de outros seres humanos.

## II. O DIREITO À AUTODETERMINAÇÃO NACIONAL

Pretendo, agora, discutir uma outra forma de interpretarmos a questão do nacionalismo, a saber, o problema da autodeterminação nacional. Estarei compreendendo a demanda por autodeterminação como o anseio, manifesto por certas comunidades culturais, de encontrar a sua própria forma de representação política. Pretendo, assim, defender o que Habermas chamou de patriotismo constitucional, ou seja, a identificação como uma forma particular de organização política.

No nosso dia a dia, elegemos, reiteramos ou rejeitamos certos traços de nossa personalidade e estabelecemos estratégias de ação para nossa realização pessoal. Assumimos como princípios morais aquelas estratégias que, por razões que podemos compartilhar com os demais, privilegiamos e que, por essas mesmas razões, supomos que também venham a ser eleitas por todos. Esmaecido o contraste entre as esferas da vida pública e privada, buscamos criar condições para o florescimento de nossos valores e, com ele, para nossa realização. É nesse contexto que nos cabe reconhecer a demanda de certos grupos por uma forma de representação política capaz de expressar os valores com os quais estejam identificados.

Uma forma de expressão política é mais do que a garantia da manutenção de certos aspectos de uma cultura.

## DESAFIOS DA DEFESA DE UMA IDENTIDADE NACIONAL

Ela é o único meio de fazer com que os indivíduos se comprometam e se sintam responsáveis pelas resoluções e pelo florescimento do Estado em que vivem. E o que é dito nesse sentido para os que buscam a consolidação de um Estado próprio pode ser agora igualmente prescrito para os diversos Estados existentes, com cujo perfil poucos de seus cidadãos podem ser dizer realmente identificados. O que falta em muitos países não é nacionalismo, mas patriotismo, ou seja, uma identificação com a forma de organização política de um Estado — o que Habermas denominou patriotismo constitucional.

A estrutura política de uma nação deve poder expressar os valores mais fundamentais de uma comunidade. Ela espelha a forma de representação dos diversos segmentos da sociedade e a distribuição de direitos no cerne de sua estrutura básica. Ela estabelece os mecanismos legítimos de justiça reparadora, incluindo os relativos à usurpação do poder por parte dos representantes políticos da nação. Ela determina o perfil de cada nação, a forma como será reconhecida e suas relações com as demais nações. Uma comunidade sem representação política, ou com uma representação política que não espelha seus próprios valores, está alijada do diálogo internacional. A preservação de seus valores ou a implementação de seus fins mais fundamentais dependerá da atitude benevolente, paternalista ou humanitária de outros Estados.

Mas se o direito à autodeterminação nacional é assim tão convincente, quais seriam as razões para tê-lo tantas vezes recusado? É evidente que grande parte do problema do reconhecimento da autodeterminação está relacionado ao caráter imperialista de alguns Estados. Esse anseio pelo poder e pela dominação de outros povos não será, contudo, discutido aqui. Pretendo averiguar razões que reclamem alguma pretensão de legitimidade.

IDENTIDADE E GLOBALIZAÇÃO

David Copp, no artigo "Democracia e autodeterminação comunitária",[5] chama a atenção para o caráter antidemocrático e anti-igualitário que o direito à autodeterminação pode em alguns casos assumir. O direito à autodeterminação é aqui concebido como o direito de um grupo majoritário em um território de vir ou não a constituir um Estado. De acordo com Coop, reconhecer tal direito, sem reconhecer o mesmo direito aos demais grupos, seria excluí-los do processo de deliberação e, por conseguinte, não apenas desrespeitá-los como desrespeitar o próprio procedimento democrático. O reconhecimento do direito à autodeterminação nacional em sociedades plurais e multiculturais teria com consequência o fortalecimento dos mecanismos de exclusão de grupos minoritários e o desfalecimento de seu perfil pluralista, com o qual muitos de seus integrantes podem estar identificados. Em vez de reclamar o direito à autodeterminação de determinados grupos, seria então razoável indagar pelo direito de uma sociedade permanecer culturalmente pluralista.[6]

A conclusão de Coop não exclui o direito à autodeterminação nacional, mas estabelece condições para que esse seja cumprido. Ela está, portanto, perfeitamente em sintonia com a tese de que o direto à autodeterminação deve ser pensado em termos da representação política de uma sociedade e que seu reconhecimento deve levar em conta suas particularidades históricas e culturais. Sob o ponto de vista da atribuição igualitária do direito à autodeterminação, é fundamental que todos sejam igualmente contemplados, ou seja, que todos possam participar do pleito de decisões políticas em que o futuro de sua sociedade será decidido. A formação de uma identidade em sociedades multiculturais pode incluir aspectos bastante diversos, tais como a identificação com uma cultura específica e com uma forma de organização política pluralista. Indivíduos assim constituídos devem poder reclamar para sua sociedade uma forma de organização capaz de compatibilizar esses diversos aspectos de sua identidade. Nesse sentido, eles devem poder dar seu veto à constituição de um Estado nacional e defender a manutenção de um Estado multicultural.

Outro aspecto crítico do direito à autodeterminação nacional é apresentado por Henry Shue em "Eroding Sovereignty".[7] Aqui o nacionalismo é pensado sob o foco da defesa dos interesses nacionais e do direito à não intervenção externa nos limites territoriais: "De acordo com a concepção de soberania, o Estado pode e deve promover exclusivamente os interesses de seus conacionais. Mas pode, no entanto, o Estado promover o interesse de seus conacionais sem restrições?"[8]

A questão de Shue parece estar diretamente relacionada à possibilidade de compatibilizarmos nacionalismo, como defesa de interesses particulares, e direitos humanos, como defesa de interesses comuns a toda a humanidade. Ao defendermos o direito à autodeterminação de uma nação, estaríamos negligenciando aspectos de sua política interna que podem ter repercussões nocivas para outros indivíduos, quando não para a humanidade como um todo. Para Shue, o atual estado de coisas da humanidade faz com que muitas questões não possam ser pensadas apenas nos limites das fronteiras nacionais. Além de uma profunda relação de interdependência entre os diversos Estados, há questões que concernem a todos e cujas soluções envolvem decisões coletivas. Um exemplo típico são questões relativas à preservação do meio ambiente. Aqui um consenso internacional é não apenas desejável como também a única forma de garantirmos soluções satisfatórias, tais como, nesse caso, a preservação da vida humana.[9]

É difícil discordar de Shue. O nacionalismo, entendido como a defesa dos interesses nacionais, deve ter seus limi-

IDENTIDADE E GLOBALIZAÇÃO

tes demarcados pelo não comprometimento de interesses básicos mais gerais. Em outras palavras, a defesa de interesses particulares não pode comprometer o reconhecimento de direitos humanos ou de direitos básicos universais. Contudo, essa é uma exigência que podemos contemplar ao reconhecer que a autonomia nacional deve ser analisada, em cada caso, levando-se em consideração questões relativas ao estado de coisas da humanidade.

Se reconhecemos a existência de interesses mais gerais, então devemos reconhecer igualmente a necessidade de um fórum mais amplo de discussão. Nesse caso, o direito à autodeterminação deve ser compreendido como o direito aos mecanismos de legítima participação no fórum internacional, e não como um direito a suprimi-lo em prol dos interesses nacionais. A autonomia de cada Estado não é um assunto doméstico, mas sim algo que diz respeito diretamente à relação entre os diversos Estados assim constituídos. Ou seja, o direito à autonomia nacional entendido como direito à autodeterminação diz respeito à inclusão de cada Estado no fórum de discussão internacional. Constituir-se como um Estado é uma forma de garantir uma representação própria, ou seja, de expor interesses e defender valores comuns aos indivíduos de uma certa cultura. Esse aspecto positivo da autodeterminação nacional não ameaça o fórum de discussão internacional, mas busca não apenas ampliá-lo como também torná-lo uma expressão mais autêntica das diversas formas de vida humana.

Mas se a interpretação do nacionalismo, aqui proposta, não ameaça, como procurei mostrar, nem a sobrevivência de culturas minoritárias nem a possibilidade de acordo entre as diversas nações, qual seria afinal o ônus de tal perspectiva? Para muitos, talvez o de não ser mais uma expressão fidedigna do próprio nacionalismo. Mas por quê?

## DESAFIOS DA DEFESA DE UMA IDENTIDADE NACIONAL

Uma razão seria porque o nacionalismo é frequentemente pensado como estando associado a formas de expressão reativas, agressivas e exclusivistas. Tais reações, no entanto, são simplesmente formas de reação humanas e não precisam estar associadas nem ser alimentadas por sentimentos nacionalistas. Que alguns seres humanos reajam dessa maneira, coletivamente ou não, quando sentem seus interesses ameaçados, é algo que apenas podemos lamentar.

Uma outra razão poderia ser a de que o nacionalismo é frequentemente visto como uma expressão pouco depurada de nossos próprios vínculos afetivos. Sem dúvida, esse pode ser o modo como alguns indivíduos percebem seus próprios sentimentos nacionalistas. Mas se estamos interessados em ir um pouco além de uma descrição fenomenológica da questão, então devemos analisar argumentos. O fato de o fenômeno do nacionalismo estar associado à expressão de sentimentos que nos unem a outros indivíduos não o torna menos racional ou menos compreensível à luz de argumentos. Apenas faz com que aqui, de forma ainda mais evidente, nossas considerações repousem sobre aspectos relativos à constituição da nossa própria identidade. Dito, portanto, de outro modo, o nacionalismo, como qualquer forma de identificação, envolve aspectos afetivos que podem muito bem ser analisados à luz das crenças e dos valores do agente moral.

Resumindo, procurei mostrar que o direito à autodeterminação nacional pode ser compreendido como uma expressão legítima do anseio, inerente a cada comunidade, de representar seus próprios interesses e seus próprios valores no fórum internacional. É dessa forma que talvez possamos reunir o que parece ser uma demanda comum a palestinos, bascos, quebecois, curdos ou portorriquenhos independentistas. Quão próximo estão de obter esse direi-

## IDENTIDADE E GLOBALIZAÇÃO

to e quais os mecanismos mais adequados para sua obtenção são questões que deixarei aqui em aberto. Cada caso traz consigo uma história e contingências que lhes são únicas. Nesse sentido, cada comunidade há que buscar seus próprios recursos para construir de forma mais plena e satisfatória sua identidade nacional.

### III. BREVE NOTA SOBRE A IDENTIDADE NACIONAL NO CASO DO BRASIL

Vimos até aqui duas formas de pensar a questão do nacionalismo: o problema da parcialidade ou das obrigações especiais para com os conacionais e o direito a autodeterminação nacional. Ao discutir a segunda questão, mencionei que a busca por uma expressão política adequada às crenças e aos valores de sua cultura era uma questão que dizia respeito não apenas a povos que ainda não se fazem representar como um Estado, mas também aos que não se identificam com a estrutura política de sua nação. Para concluir, pretendo analisar esse último caso. Suponho que esse seja um problema comum a vários países e por razões as mais diversas, passando pela pobreza excessiva e chegando à falta de consolidação das instituições democráticas. Meu objetivo, no entanto, não será explorar as diversas razões que fazem com que um povo não consiga se identificar com a estrutura política de sua nação, mas analisar o caso específico de um país, a saber, o Brasil.

É difícil precisar o quanto se sabe sobre o Brasil para além de suas fronteiras e qual a sua imagem no cenário internacional. De qualquer modo, algo que me parece incontestável é que tenhamos de distinguir o Brasil, enquanto orga-

## DESAFIOS DA DEFESA DE UMA IDENTIDADE NACIONAL

nização social e política, e o povo brasileiro, enquanto este conjunto de pessoas que vive nos limites de um território. O brasileiro, reza a caricatura, é um povo alegre que gosta de samba, que joga futebol, que não lê, que não trabalha e que jamais pensou seriamente sobre justiça distributiva. O Brasil é este estranho país que exige visto para os americanos e mantém doutorandos no exterior. Não quero subestimar "gringos" ou europeus, mas muito mais longe não vai o que julgam saber acerca de nós. O que sabem é obviamente parte do que projetamos, ou o que projetam aqueles que querem criar para o exterior uma imagem do que somos.

Acerca do brasileiro, seria essa uma falsa imagem? É evidente que sim. Basta ir à Central do Brasil às 6 horas da manhã que se verá que aqueles homens e mulheres não estão tão alegres, nem tão dispostos a dançar, que não estão indo para a praia ou para um piquenique no campo, mas que estão preocupados em não chegar atrasados para não perder o emprego. Talvez à noite, nas duas horas que passarão no ônibus ou trem de retorno a casa, escutem pelo rádio uma partida de futebol. Sobre justiça, a respeito disso pensam, à sua maneira, todos os dias. A realidade é bem mais complexa do que qualquer caricatura. Mas se isso não é novidade, tampouco evita que persistam apenas as caricaturas.

O Brasil foi colônia durante três séculos. Durante século e meio foi um império governado pela família real portuguesa. Em 1888 aboliu a escravidão e em 1889 tornou-se república. De lá para cá, como em toda parte, muitas águas rolaram, mas nossos dirigentes, esses sim, continuaram a ser os legítimos representantes de uma oligarquia colonial. O Brasil tem uma bela Constituição, uma elite intelectual invejável e mantém a paridade nas suas relações diplomáticas. A grande maioria do seu povo, contudo, nada sabe da Constituição, não compreende o discurso dos inte-

IDENTIDADE E GLOBALIZAÇÃO

lectuais, não tem nem ideia do que sejam relações diplomáticas e se já ouviu falar de outros países, certamente não sabe onde se situam.

No Brasil, nacionalismo é torcer pela seleção brasileira na Copa do Mundo e passar a gostar de tênis em homenagem ao campeão brasileiro. Nacionalismo é sentir orgulho de ver as imagens do carnaval brasileiro na televisão estrangeira. Enfim, nacionalismo é uma forma de se identificar com o brio de alguns de nossos conacionais e desfrutar desses seus momentos gloriosos. Nada mais, ou melhor, nenhum sentimento que encontre expressão na organização das estruturas básicas da sociedade. Enquanto isso, o Brasil legal exige o ensino das línguas indígenas, introduz ações afirmativas no Congresso, nas universidades, no instituto de formação do corpo diplomático etc. E os brasileiros, será que eles sabem que aí, sim, há vitórias que podemos compartilhar? Pouco ou quase nada sabem disso. A grande maioria do povo brasileiro se acostumou a ver a esfera da organização social e política da sociedade como algo dos outros, dos que não são "o povo", daqueles com os quais não podem se identificar.

Com a eleição de Lula em 2002, a principal mudança consistia justamente em fazer chegar o povo a esse lugar enigmático no qual jamais esteve, com o qual jamais pôde se identificar. Tratava-se, é claro, de um ato simbólico e, como tal, apenas em médio e longo prazo capaz de transformar a sociedade, capaz de fazer o povo aprender a olhar para esse lugar e sentir orgulho das transformações que a sua sociedade realiza para um dia poder expressar autenticamente suas crenças e seus ideais.

Por meio de uma galeria quase sem fim de decepções, o brasileiro aprendeu nos últimos anos a olhar com desconfiança para os salvadores da pátria ou para heróis nacionais. Enquanto os políticos seguem cada vez mais desa-

DESAFIOS DA DEFESA DE UMA IDENTIDADE NACIONAL

creditados, cresce a consciência de que a pátria somos nós, os integrantes anônimos de um pacto social em constante processo de reavaliação. O Brasil precisa nutrir o patriotismo de seu povo cuidando de sua educação, dando-lhe a formação necessária para compreender melhor a organização de suas estruturas básicas, exigindo transparência nas ações governamentais e veiculando informações claras e precisas sobre os atos de seus representantes políticos. Os brasileiros precisam assumir a esfera da vida política de forma a se fazer representar melhor e a se sentir como parte dessa organização. Apenas assim cada qual poderá assumir a sua responsabilidade pela sociedade que está sendo construída, pela imagem que está sendo projetada exteriormente e, finalmente, compartilhar, legitimamente, o orgulho patriótico dos seus êxitos.

## Notas

1. Doutora em filosofia. Pesquisadora no Centro de Ética e Filosofia da Mente/UFRJ. Este artigo está baseado no trabalho da autora *Moral Dimensions of Nationalism,* publicado em 2006 pela Villanova Law Review, Philadelphia, v. 50, nº 3, p. 23-35.
2. É importante salientar que não se trata de fornecer uma metapsicologia da natureza humana ou da formação da identidade humana, mas meramente do reconhecimento de algo que constatamos por meio dos diversos movimentos políticos, dos conflitos entre povos e do engajamento de certas pessoas na expressão cultural e política de sua comunidade.
3. Ver Y. Tamir, *Liberal Nationalism,* Princeton, Princeton University Press, 1993.
4. Ver Peter Singer, "Reconsidering the Famine Relief Argument", *In* Peter G. Brown and Henry Shue (eds.), *Food*

*Policy: the Responsability of the United States in the Life and Death Choices,* Nova York, Free Press, 1977, p. 36.

5. D. Copp, "Democracy and Communal Self-Determination", *In* R. McKim e J. McMahan, *The Morality of Nationalism,* Oxford, Oxford University Press, 1997.

6. Ver, idem, p. 287.

7. H. Shue, "Eroding Sovereignty", *In* R. McKim e J. McMahan, *The Morality of Nationalism, op. cit.*

8. Idem, p. 342.

9. Idem, p. 346.

# A recepção nacional do estrangeiro no mundo globalizado

Caterina Koltai[1]

Lilia Moritz Schwarcz (2005), ao resenhar o livro *Identidades,* de Z. Baumann, afirmava que essa era uma questão que estava se transformando na "conversa do momento". Pouco mais de um ano depois, a questão das identidades não só continua em voga como vem se transformando num dos principais temas do debate eleitoral em alguns países europeus e nos Estados Unidos. E se a conversa insiste, é porque ela nada tem de natural, flutua no ar e, longe de revelar uma essência, aponta para um problema: o de como lidar com o que poderíamos chamar de a insustentável estrangeiridade do Outro, na medida em que a definição de estrangeiro é sempre dada por um Outro, que assinala, assim, a não pertinência, o não familiar.

A recusa do Outro é algo muito mais universal do que gostaríamos de admitir e todas as sociedades, assim como todos os humanos, precisam enfrentar a questão de como lidar com outros humanos, outras sociedades, ainda que a solução encontrada para tanto ao longo da história nem sempre tenha sido a mesma. No que diz respeito aos povos "primitivos", Levi Strauss já nos alertara que eles eram etnocêntricos, ou seja, consideravam o próprio grupo étnico ou nação como socialmente mais importante do que os demais. O etnocentrismo era uma atitude tão difundida entre eles que o autor afirmou que se tratava aí de uma atitude "tipicamente selvagem". Mas, visto que um selvagem conti-

## IDENTIDADE E GLOBALIZAÇÃO

nua adormecido no coração de todo homem "civilizado", nada mais universal e difícil de ser eliminado do que o etnocentrismo, até por meio da educação, já que cada um de nós continua persuadido de que sua própria tribo é a única que vale a pena. O etnocentrismo não exige, no entanto, que o Outro seja eliminado e, salvo exceções, não termina no assassinato, como no racismo moderno.

Ainda que historicamente sempre tenha havido estrangeiros, eles nem sempre ocuparam esse lugar de alteridade que implica uma necessária exclusão. O racismo, tal qual o conhecemos hoje em dia, é uma invenção moderna, dessas sociedades que sabem fazer coexistir as mais formidáveis conquistas técnicas e científicas com as mais extravagantes formas de rejeição e marginalização. Se compararmos nossas sociedades com outras, como por exemplo, a Grécia Antiga, veremos que a sociedade grega, que se constitui a partir da exclusão de seus bárbaros e metecos, era sem dúvida alguma xenófoba, mas não racista, visto que suas práticas institucionais sempre encontraram um jeito de reintegrar aqueles que parecia excluir. O afastamento na cultura grega não tinha esse caráter de negação apaixonada, ódio fanático que observamos em nossas sociedades. É o que Vernant (1986) chamou de grande lição de tolerância deixada pela cultura grega.

Antes de prosseguir, e para precisar o de que estamos falando, não custa nada ver o que nos ensina a etimologia do termo estrangeiro. Garner (1983), em quem me baseio, chamou nossa atenção para o fato de que o termo estrangeiro deriva do latim *extraneous*, que, como adjetivo, queria dizer vindo de fora. Como substantivo só passou a existir a partir do Império Romano, quando passou a representar uma categoria política. A lenta politização do termo não se limitou ao latim, o mesmo acontecendo mais tarde com o francês, inglês e alemão, sendo que em todas essas línguas começa dizendo respeito ao não familiar para se transformar em categoria política, com tudo que isso implica em termos de exclusão em nossos dias.

O estrangeiro, como conceito sociopolítico, é uma invenção do mundo moderno, concomitante ao surgimento dos Estados nacionais, período em que a nação passou a se definir por suas fronteiras. A partir desse momento, o termo estrangeiro passou a designar aquele que pertencia a outra nação, que vivia ou vinha de um outro lugar, situado para além das fronteiras nacionais. A noção de nacionalidade passou a constituir o parâmetro para estabelecer a diferença entre o estrangeiro e o não estrangeiro, sendo que as atribuições de nacionalidade variam de país para país, definindo-se a nacionalidade pelo *jus solis* ou pelo *jus sanguinis*. O primeiro costuma ser reivindicação dos emigrantes, enquanto o segundo, dos nacionalistas.

Hoje em dia, com a globalização, que muitos gostariam de ver apenas sob os traços do desenvolvimento do saber, do progresso e da conquista dos direitos humanos, aumentaram também consideravelmente as migrações e o estrangeiro, aquele que vem de fora, de um outro lugar. Por mais que possa ser bem-vindo em certas ocasiões, na maioria das vezes não passa de um ser indesejado, passível de ser repatriado. Não é de se admirar, portanto, que o conceito de identidade na globalização esteja ficando cada vez mais ambíguo, a ponto de Baumann (2005) afirmar que ele é cada vez mais negociável, revogável, construído de maneira política e circunstancial.

Para melhor entendermos o lugar ocupado pelo estrangeiro em nosso mundo globalizado, convém lembrar que foram as guerras, a miséria e as catástrofes ecológicas que desencadearam os grandes fluxos migratórios de nosso tempo. Agamben (1994) nos lembra que foi depois da Primeira Guerra Mundial, com a queda dos impérios russo,

IDENTIDADE E GLOBALIZAÇÃO

austro-húngaro e otomano, que o mundo se deparou, pela primeira vez, com um deslocamento maciço de populações e refugiados, chamando nossa atenção para o fato de que toda vez que isso acontece, como no entreguerras e novamente hoje em dia, tanto os organismos internacionais quanto os Estados nacionais parecem totalmente incapazes de enfrentar o problema, e isso apesar da solene referência aos direitos inalienáveis do ser humano.

Após a Segunda Guerra Mundial, o fenômeno só fez se agravar, a ponto de cerca de 50 milhões de europeus terem migrado para o Novo Mundo. Com o passar do tempo, os fluxos migratórios foram se modificando e os antigos países de emigração se transformaram em países de imigração. Hoje em dia, devido à globalização, podemos falar de uma migração planetária, no qual reencontramos todos os deixados por conta, os abandonados da história, aqueles que vêm se tornando os bodes expiatórios da angústia do futuro e da desorientação contemporânea.

Talvez por isso mesmo seja importante lembrarmos que os fenômenos de migração devem ser abordados tanto do ponto de vista dos que partem como daqueles que chegam, ainda que sejam esses últimos que vêm se transformando numa questão política em nossos dias. Ao chamar a atenção para os que partem, quero apenas lembrar que ninguém escolhe emigração e exílio sem que isso lhe pareça necessário e que todo aquele que emigra tem certamente uma boa razão para tanto, uma vez que a emigração pode ser movida tanto por razões externas — econômicas, políticas ou religiosas — quanto por questões internas, quando um terror subjetivo paira sobre a liberdade do sujeito. A verdade é que abandonar o próprio país é uma viagem longa e difícil, pois, como lembra Todorov, não há como deixar para trás o país de seus antepassados sem dor, já que é certamente mais agradável viver entre os seus.

Não há por que se admirar, portanto, que, uma vez perdidas as referencias habituais, o estrangeiro se sinta invadido por um sentimento de nostalgia e estranheza, que o transforma de certa maneira num sobrevivente, visto que sobreviveu à perda de um espaço, de uma terra e de uma língua que se diz materna.

Por outro lado, essa mesma experiência, que acabo de descrever como dolorosa, pode se tornar extremamente rica na medida em que permite não confundir o real com o ideal, a cultura com a natureza. O homem desenraizado, capaz de superar o ressentimento, pode transformar a nova terra em lugar de desejo e ali realizar o que jamais poderia ter realizado em seu país natal. É uma experiência-limite que abre para a tolerância ao perturbar os hábitos adquiridos, podendo favorecer a surpresa e a descoberta de si.

Parece que foi justamente essa tolerância que os antigos países de emigração demonstram ter perdido, agora que se tornaram países de imigração. Hoje em dia, quando migrações planetárias caracterizam a globalização, encontramos latino-americanos indo atrás do eldorado americano, albaneses aportando na Itália, marroquinos se jogando ao mar para poder chegar às costas espanholas, argelinos insistindo em se instalar na França, turcos na Alemanha, peruanos e bolivianos no Brasil, enquanto do outro lado os países ricos recorrem, hoje como ontem, à construção de muros e cercas, na ilusão de manter o estrangeiro a distância.

A principal característica desses novos fluxos migratórios é que o estrangeiro deixou de ser o Outro absoluto, aquele que vivia do outro lado do oceano ou atrás de fronteiras intransponíveis e passou a ser alguém que mora ao lado, na casa vizinha. É justamente aí que parece residir o problema da recepção do estrangeiro em nossos dias, pois aquilo que ainda parecia tolerável quando o estrangeiro es-

IDENTIDADE E GLOBALIZAÇÃO

tava longe vem se tornando insuportável a partir do momento em que ele se aproximou demais, impondo as suas assim chamadas "excentricidades". Não por acaso, ele vem se transformando na tela na qual os cidadãos acabam projetando o desprezo, o ódio, a inquietude e a ameaça que sentem perante um futuro incerto.

Os imigrantes, particularmente os ilegais, representam no imaginário coletivo contemporâneo o "mau objeto" no qual o sujeito pode projetar tudo aquilo que não pode suportar em si próprio, porque seria muito sofrido. Parece muito mais fácil transformar o outro num ser ameaçador, em ladrão ou estuprador, segundo o gosto do freguês. Mas por quê? Eis a questão, a qual tentarei entender recorrendo aos ensinamentos da psicanálise, que me parece ser a única luz capaz de iluminar um pouco essa questão. Vejamos, pois, o que acontece.

Ao ter de conviver com esse estrangeiro, transformado em vizinho, o ser humano se dá conta de como é difícil obedecer ao mandamento do "ama a teu próximo como a ti mesmo", mandamento esse que Freud já considerara estranho e difícil de entender, quanto mais de obedecer, no capítulo V de *Mal-estar na civilização* (1929). Afinal, quem é esse próximo a quem devo amar como a mim mesmo? Amor de si, amor do próximo. Sabemos que a psicanálise nos ensina que o fundamento do amor é narcísico e função do amor do semelhante. Se só posso me amar na condição de que o outro me ame, como então amar meu próximo como a mim mesmo? E quem é, afinal, esse próximo? O próximo como meu semelhante permite que me reconheça nele, que me identifique com ele, que tenha os mesmos sentimentos que ele, razão pela qual posso "amá-lo como a mim mesmo". Mas o próprio traço identificatório que faço meu acarreta uma divisão entre os semelhantes, na medida em que exclui os não semelhantes. Baseada no narcisismo, constantemente alimentada por ele, a intolerância acaba por associar o estrangeiro ao hostil.

A fraternidade freudiana está fundada na segregação e o amor do semelhante no ódio ao diferente, a ponto de uma sociedade que se quer fundada no amor acaba desembocando, necessariamente, em seu oposto, a intolerância. Não há amor entre os irmãos sem rejeição dos estrangeiros, e é esse o limite do amor ao próximo como a si mesmo. É segregativo porque fundado na identificação.

Outra maneira de dizer isso é a de que o homem teme aquele que se assemelha a ele sem, no entanto, ser idêntico a ele. É como se a consciência humana se apoiasse sobre três pilares: a paixão pela totalidade, o desejo de eternidade e a busca do fundamento. E, como isso é infernal, prefere o simulacro, de modo que a atitude normal é racista, porque a regra social é endogâmica, donde a recusa da diferença, o medo do Outro, a felicidade do idêntico e a exaltação do mesmo. E, no entanto, não há sociedade sem abertura, assim como não há abertura sem estrangeiro, razão pela qual, ao longo dos tempos, o estrangeiro foi sempre, e por definição, o Outro, aquele que ora fascina e atrai, ora repele. Termo que percorre história e mito, sempre provoca movimentos de alma: amor, ódio ou, como diria Lacan, amódio.

O pavor diante do estrangeiro é justamente fruto dessa ambivalência à qual nos referimos, em que o pavor é ao mesmo tempo fascínio, uma vez que esse estrangeiro não é um estranho qualquer, é também meu semelhante, razão pela qual provoca esse sentimento de estranheza. Se isso acontece, é porque reencontramos no plano coletivo o equivalente do fenômeno do espelho, que restitui uma imagem simultaneamente semelhante e dessemelhante, donde o racismo. Como disse Lacan, cada vez que o sujeito se aproxima dessa alienação primordial, descrita como

IDENTIDADE E GLOBALIZAÇÃO

o estágio do espelho, surge a agressividade radical, o desejo de aniquilamento do outro como suporte do desejo do sujeito.

O racismo encontra suas fontes, como lembra Pontalis (1991), na oposição entre próprio e estrangeiro. O fenômeno racista surge quando o estrangeiro está na cidade, visto que para expulsar é preciso antes ter ingerido. Só se expele aquilo que se ingeriu. Quando o estrangeiro ainda estava a distância, podia ser visto como um ser exótico e exercer ora certo fascínio, ora um medo razoável. Mas, a partir do momento em que se tornou próximo, demasiadamente próximo, como nos dias atuais, em função da globalização e das novas migrações, ele causa mais do que medo, ele causa pavor. E é assim que aquilo que ainda era tolerável quando o estrangeiro estava longe torna-se insuportável a partir do momento em que se aproxima demais. Nessa hora parece que todos os demônios acordam. Basta, aliás, ouvir as eternas queixas contra os estrangeiros, que parecem estar aí apenas para estragar os aprazíveis hábitos de vida dos "autóctones". Nesses momentos, qualquer uma de suas atitudes se torna uma ameaça, tanto que quando trabalham o fazem como verdadeiros burros de carga, trabalham demais e roubam "nossos empregos". Quando não trabalham, são uns folgados, verdadeiros bichos-preguiças, que se divertem e descansam à custa do duro labor dos "daqui de casa"; quando festejam outros feriados que não aqueles que constam do calendário, o fazem de maneira estranha e escandalosa... Cabe aqui ressaltar com que facilidade, nesses discursos racistas, se passa de uma acusação à outra, isso sem falar das características físicas que se atribuem a esses estrangeiros, que, como bem sabemos, têm sempre uma sexualidade exuberante...

Mas por que o fato de esse Outro se satisfazer de modo diferente surge como algo tão ameaçador? Porque nesses momentos esse Outro surge como um ladrão de satisfação, se ele se satisfaz é porque alguém deixou de se satisfazer em seu lugar, já que o sujeito moderno está convencido de que a satisfação absoluta existe e de que quando ele não se satisfaz é porque tal satisfação foi monopolizada por outros. Isso é insuportável para o racista. Não por acaso o racismo cresce em tempos de desemprego, pois se já é difícil ser solidário na abundância, o é ainda mais em momentos de crise como o atual, em que as dificuldades de satisfação dos sujeitos aumentam e o outro surge necessariamente como aquele cujo modo de satisfação impede a própria satisfação.

Se a questão da satisfação e, por tabela, a da felicidade se colocam assim, é, porque a felicidade se tornou uma ideia política a partir do século XVIII, momento no qual passou a ter de ser conquistada na terra aqui e agora, e não mais num futuro distante lá no céu. Ao se deslocar do céu para a terra, a ideia de felicidade não só substitui a de salvação como passa a ser uma mercadoria que os iluministas prometeram entregar no aqui e agora, algo, portanto, da ordem do impossível. Essa exigência de felicidade acabou incidindo, necessariamente, sobre o sujeito contemporâneo, que se sabe incapaz de realizar o dever de felicidade que seu tempo lhe prescreve.

Não é de se estranhar, portanto, que, incapaz de fazer face a tamanha exigência, tenha se refugiado no gozo, conceito lacaniano que remete a um prazer no desprazer e denota a satisfação paradoxal que oferece o encontro doloroso com uma coisa que perturba o princípio do prazer e se situa no campo daquilo que Freud chamou de além do princípio do prazer. Esse gozo tem a ver com a maldade à qual Freud se referiu em *Mal-estar na civilização*, lembrando que essa, longe de habitar apenas o Outro, habita o próprio sujeito, residindo aí a raiz do

## IDENTIDADE E GLOBALIZAÇÃO

racismo: no ódio do próprio gozo, já que não há corpo estranho senão dentro do próprio corpo.

No comportamento racista já não há oscilação entre atração e medo, essa fascinação confusa entre estranho e estrangeiro, o racista sempre cliva, havendo nele um amor pelo seu ódio. A discriminação do Outro, ou o racismo, baseia-se justamente na negação de qualquer subjetividade ao Outro, que se vê reduzido a mero traço diferencial, seja ele de etnia, credo, estilo de vida, status econômico ou normalidade.

E mais, nosso tempo globalizado, além do dever de felicidade, prescreve também uma uniformização cada vez maior da vida cotidiana, o que também não é possível, razão pela qual o sujeito contemporâneo vem se refugiando no ressentimento, expressão frequentemente passional, em que a constatação de uma falta se transforma em necessidade de uma justa reparação. O ressentimento vem se transformando, segundo Angenot (2000), numa verdadeira ideologia, na medida em que a atual conjuntura vai multiplicando as reivindicações de diferentes categorias de insatisfeitos, desembocando em ativismos antagonistas, fazendo com que nosso mundo esteja à mercê de violências etnocêntricas, que, em nome de diferenças específicas transformadas em valores absolutos, suscitam ou legitimam conflitos de rara violência.

É assim que oscilamos entre um racismo explícito, que quer eliminar o Outro diferente, e minorias fechadas em suas diferenças de religião, etnia ou cultura que proclamam que, tal qual ela é, a vida é injusta, sendo que pouco fazem para torná-la mais justa, exigindo apenas a reparação dos prejuízos dos quais foram vítimas. Não por acaso, nossas sociedades parecem levar cada vez mais em conta as vítimas, o que suscita outros problemas, como, por exemplo, o de reconhecer o ódio que a vítima é capaz de produzir em nós e a facilidade com a qual antigas vítimas se transformam em algozes.

E, só para terminar, gostaria de lembrar mais uma vez que, por se situar no registro do ser, a destrutividade humana é incondicional, e não por acaso vivemos tempos de identidades mortíferas, contra as quais só a palavra pode vir a constituir uma barreira.

## Bibliografia

AGAMBEN, Giorgio. "Au dela des droits de l`homme". *In Les refugies aujourd`hui* (apostila). Paris: Association Minkowski, 1994.

ANGENOT, M. "Du ressentiment". Revista *Autrement*, Paris, 1998.

BAUMAN, Z. *Identidades*. Rio de Janeiro: Jorge Zahar Editor, 2005.

FREUD, S. (1929) *Malaise dans la civilization*. Paris: PUF, 1971.

PONTALIS, J. B. "Uma cara que não me agrada". *In Perder de Vista*. Rio de Janeiro: Jorge Zahar Editor, 1991.

SCHWARCZ, L. Moritz. *O Estado de S. Paulo,* Caderno Cultura, 12 de fevereiro de 2006.

VERNANT, J. P. "La mort dans les yeux". *In Espaces Journal de Psychanalyse*, 14-14, Paris, Hachette, 1986.

## Notas

1.  Psicanalista, doutora e professora da PUC-SP.

# A função identitária da Amazônia no imaginário brasileiro

Marijane Vieira Lisboa[1]

As florestas brasileiras e a Amazônia, em particular, sempre desempenharam um importante papel no imaginário brasileiro. Desde o verde da bandeira nacional até as múltiplas menções em nossos hinos nacionais, os brasileiros sempre se orgulharam de suas florestas. O que, no entanto, nunca impediu que estas fossem sistematicamente destruídas ao longo de sua curta história, como foi o caso do quase completo desaparecimento da Mata Atlântica, reduzida a 7% da sua área anterior à chegada dos portugueses.

O que faz da Floresta Amazônica e do rio Amazonas motivos de orgulho nacional são suas dimensões extraordinárias. Sofremos de um "complexo de grandeza" que nos faz afirmar, entre outros atributos invejáveis, que possuímos o maior rio do mundo em volume de água e a maior floresta tropical do planeta. Em íntima relação com esse orgulho nacional estariam as teorias conspiratórias que falam de planos de potências estrangeiras para "internacionalizar" a Floresta Amazônica, roubando-nos seus recursos biológicos e hídricos. No entanto, quem efetivamente *já* vem destruindo a Floresta Amazônica a passos acelerados são a extração predatória de madeiras, sob o olhar indulgente das autoridades locais e nacionais, a pecuária extensiva e a monocultura da soja, as duas últimas incentivadas diretamente por créditos de órgãos públicos, enquanto os povos indígenas e populações tradicionais,

IDENTIDADE E GLOBALIZAÇÃO

que exploram a floresta de forma sustentável, carecem do devido apoio e de proteção. A função identitária da Amazônia no imaginário brasileiro encobre, portanto, os reais conflitos sociais que dilaceram o ambiente amazônico e que levam à sua destruição acelerada e talvez irreversível.

As teorias conspiratórias, que atribuem a potências estrangeiras o interesse em se apropriar da Amazônia, de suas matas e seus recursos hídricos, gozam de ampla aceitação em praticamente todos os segmentos da sociedade brasileira, até entre os mais esclarecidos, como a comunidade acadêmica e os serviços diplomáticos. Em maio de 2000, o *Jornal da Ciência* e em seguida *O Estado de S.Paulo* divulgaram mensagens eletrônicas denunciando a existência de livros didáticos nos EUA nos quais a Amazônia aparecia representada separadamente do resto do território nacional. O texto explicava que a região fora "internacionalizada", devido à incapacidade do Brasil de protegê-la efetivamente. Não é necessário dizer que tal livro nunca existiu, não estando registrado na Biblioteca do Congresso estadunidense, onde são arquivados sem exceção todos os livros editados no país. Quanto ao instituto de estudos brasileiros, ligado a uma universidade dos EUA e que constava como fonte original da denúncia, embora existisse realmente, ignorava inteiramente o tal livro e desautorizava qualquer manifestação em seu nome. À época, várias entidades tentaram localizar o site original, entre elas o Itamaraty e a Greenpeace Brasil, sem que tivesse sido possível obter do servidor quem alugara o site por um determinado período. Em junho, *O Estado de S.Paulo* publicou reportagem desmentindo a notícia e esclarecendo não ter sido possível identificar a origem da informação.[2]

Apenas um ano depois, a mesma denúncia reapareceu e dessa vez sua circulação se deu primordialmente no ambiente universitário. Professores das mais importantes universidades do Estado de São Paulo passavam adiante a mesma denúncia — com mapa e tudo — numa bola de neve em que foram se acumulando os alertas, as indignações e as reflexões a respeito, algumas delas novamente publicadas em sessões de cartas nos jornais. Foi necessário que alguns desses jornais publicassem reportagens sobre a fraude anterior para que cessassem os correios eletrônicos a seu respeito.

Os alertas das autoridades ambientais sobre o aquecimento climático, a crescente desertificação de grandes áreas do globo e o agravamento da disponibilidade de água potável em um futuro próximo têm dado margem a um outro grande tema das teorias conspiratórias: potências mundiais cobiçariam os abundantes recursos hídricos do país e teriam elaborado planos para deles se apropriarem. Já é corriqueiro encontrar tal tese em debates acadêmicos na área de relações internacionais, embora não seja fácil encontrar exemplos que a comprovem. O caso do Oriente Médio obviamente não se constitui em um bom exemplo, dada a trama de conflitos políticos, históricos, étnicos e religiosos responsável por tornar essa região um ponto tão nevrálgico nas relações internacionais.

Ao contrário, o enfrentamento da escassez de água no planeta, longe de contribuir para conflitos, tem conduzido a cooperação e solidariedade entre os países. A histórica hostilidade entre Brasil e Argentina veio diminuindo progressivamente desde a construção da Empresa Binacional de Itaipu; e há um clima de cooperação, ainda que anêmico, entre os países da América Latina que fazem parte do Pacto Amazônico, em torno da Bacia Amazônica. Outro exemplo de que a escassez de água, em vez de desunir, pode levar à cooperação foi a elaboração da Convenção Marco de Mudanças Climáticas e o seu Protocolo de Quioto, assinados por um expressivo número de países, ressalvando-se o caso dos Estados Unidos. As nações signatárias

IDENTIDADE E GLOBALIZAÇÃO

desse tratado multilateral consideraram ser essa a iniciativa mais eficiente para mitigar os impactos negativos das mudanças climáticas e fornecer recursos e tecnologias para que as regiões do mundo a serem mais dramaticamente afetadas por secas mais frequentes e duradouras, crescente desertificação e salinização de lencóis freáticos possam adaptar-se a tais mudanças.

Hoje em dia, os conflitos em torno da distribuição dos recursos hídricos são muito menos de caráter nacional — contrapondo países entre si — do que de caráter social, contrapondo diferentes grupos sociais e interesses econômicos no interior de países e regiões. Os possíveis usos das águas — para agronegócio, indústrias, abastecimento das cidades, geração de energia, agricultura familiar, modos de vida tradicionais e das populações indígenas — levam a que grupos sociais e interesses econômicos conduzam uma luta árdua e sem quartel pela definição dos seus usos prioritários, pois, mesmo que os recursos hídricos sejam abundantes, como é o caso brasileiro, a definição dessas prioridades significa favorecer ou prejudicar determinados grupos sociais e interesses, muitas vezes de forma irreparável.

O surgimento do Movimento dos Atingidos por Barragens (MAB) no Brasil é a melhor ilustração desse fato. Oficialmente constituído em 1989, após o I Encontro Nacional de Trabalhadores Atingidos por Barragens, o MAB tem suas origens ainda no fim da década de 1970, com o movimento de resistência de pequenos agricultores cujas terras seriam atingidas pela construção de Itaipu. Outros movimentos irão surgir, à medida que grandes represas vão sendo construídas pelo país afora, como Sobradinho, no rio São Francisco, e Tucuruí, no Tocantins.[3] De um lado, populações deslocadas de suas terras e moradias, lutando para obter indenizações justas ou terras de igual qualidade em outras regiões e mais tarde — à medida que ganham força

## A FUNÇÃO IDENTITÁRIA DA AMAZÔNIA...

política — contra os próprios projetos hidrelétricos; de outro lado, todos os interesses presentes na construção de grandes barragens, como as indústrias de construção civil, de máquinas e material elétrico, a demanda industrial por energia barata e o interesse estatal em viabilizar projetos em terras de menor custo. Considerações como essas, no entanto, não têm sido capazes de reduzir a crescente preocupação com um possível sequestro de nossas águas por potências mundiais.

As teorias conspiratórias não são apanágio da academia apenas no Brasil, mas vicejam em todos os setores da sociedade, até naquela instituição que deveria ser capaz de avaliar com razoável objetividade a natureza das nossas relações internacionais. Em uma conferência sobre tratados internacionais para a Associação dos Engenheiros da Petrobras, em junho de 2005,[4] o secretário-geral do Ministério das Relações Exteriores, Samuel Pinheiro Guimarães, alerta para o perigo de que o Tratado de Cooperação Amazônica "sirva de veículo para maior interferência de ONGs e organismos estrangeiros na região, o que levaria à internacionalização gradual da Amazônia por vias transversas, com aparência de legitimidade." Segundo o diplomata, os países desenvolvidos, responsáveis pela organização da Rio-92, estariam tentando transferir a culpa e os custos do combate à poluição mundial para os países subdesenvolvidos, em especial para os que detêm florestas tropicais, ao mesmo tempo em que procurariam aumentar o grau de ingerência internacional sobre essas regiões, diretamente ou por meio de novas atribuições que buscam conferir às ONGs. Para corroborar suas afirmações, o secretário-geral citou declaração em 1989 do presidente da França, François Miterrand, que teria dito que o Brasil deveria aceitar uma soberania limitada sobre a Amazônia, assim como o ex-comissário da União Europeia Pascal Lamy, que teria

## IDENTIDADE E GLOBALIZAÇÃO

defendido a tese de uma gestão internacional de bens públicos comuns, entre eles as florestas tropicais.

Guimarães interpretava os crescentes esforços multilaterais visando ao estabelecimento de "políticas ambientais de alto custo" como uma estratégia dos países desenvolvidos para "comprometer sua capacidade de industrialização", criando-se barreiras não tarifárias para nossas mercadorias, particularmente para os "produtos florestais tropicais". Ao pressionar por maiores investimentos e maior vigilância dos Estados na área ambiental, prejudicando o seu desenvolvimento econômico, os países desenvolvidos reforçariam a ideia de que os Estados periféricos, inclusive amazônicos, seriam incapazes de cumprir seus compromissos ambientais e de realizar políticas eficientes, o que justificaria que os países centrais viessem "a intervir e eventualmente colocar sob controle internacional certas áreas de seus territórios, tais como a Amazônia ou parcelas delas, inclusive utilizando o argumento das nações indígenas." Em virtude de preocupações como essas é que o Brasil e outros Estados estariam evitando a negociação de uma convenção internacional de florestas, de viés conservacionista, que estabelecesse obrigações para os países possuidores de grandes florestas.

Assim, conceitos como "cidadania global" ou "bens públicos globais", elaborados por organismos internacionais, ONGs e "formadores ideológicos de opinião", estariam sendo usados para justificar a "internacionalização da Amazônia", tese que encontraria adeptos até entre brasileiros convencidos da ineficiência e da maldade do Estado brasileiro e de suas elites, completava o secretário-geral do Itamaraty.

Esses exemplos de teoria conspiratória em ação ocorreram nos círculos mais intelectualizados da nossa sociedade, no ambiente universitário e na diplomacia brasileira.

A FUNÇÃO IDENTITÁRIA DA AMAZÔNIA...

Se até eles são vítimas dessas fantasias, o que poderíamos supor dos demais setores da população brasileira?

Nos círculos políticos partidários, uma das teses que mais encontram respaldo, tanto na esquerda tradicional, de corte marxista, como a direita liberal, é a de que as ONGs ambientalistas sejam ponta de lança de interesses estrangeiros. A sinceridade da causa conservacionista de entidades como Greenpeace, Amigos da Terra e WWF é frequentemente posta sob suspeita, em virtude de essas organizações internacionais serem consideradas como "estrangeiras". E não é raro que tal suspeita seja complementada pela tese de que essas ONGs estejam tratando de preservar a madeira de florestas tropicais para "seus países", porque esses destruíram as próprias, como a Floresta Negra e as Florestas da Califórnia, durante a fase em que se desenvolveram e se industrializaram. Argumentos como esses justificaram a abertura de uma comissão parlamentar de inquérito no início de 2000, CPI que terminou melancolicamente em dezembro de 2002,[5] sem ser capaz de provar qualquer das suas mirabolantes teses conspiratórias. Entidades de proteção à população indígena também são acusadas de servir a interesses estrangeiros, como foi o caso de uma nova pela fraudulenta, que circulou insistentemente em 2003, na qual um viajante ao estado de Roraima acusava padres franceses de estarem ensinando francês aos índios da região, que sequer eram capazes de falar português. Supõe-se que grande parte dessas campanhas virtuais de autoria desconhecida — inclusive aquela do livro escolar americano — seja produzida por movimentos de militares aposentados, de extrema direita, da área de inteligência militar, que antigamente voltavam suas baterias contra movimentos de esquerda e que, caído o muro e enfraquecido o inimigo, elegem o novo movimento ambientalista como seu alvo predileto.[6] Tais campanhas nacionalistas e xenófobas

IDENTIDADE E GLOBALIZAÇÃO

teriam ainda um objetivo mais pragmático, que seria reforçar a demanda por aumento dos orçamentos militares e fortalecimento político das Forças Armadas.

Em suma, a persistência e a frequência com que tais teorias conspiratórias vicejam nos mais diversos ambientes da sociedade brasileira — da academia às camadas mais modestas da população, da esquerda à direita política, do Estado ao setor privado — devem nos dizer algo sobre a construção da identidade brasileira e a função que nela ocupa esse imaginário brasileiro obcecado pelos extraordinários recursos amazônicos.

A inclinação para as teorias conspiratórias se expressa até nas tentativas de rever episódios da história brasileira, interpretando seus insucessos como consequência da "sanha estrangeira". A queda do preço da borracha no mercado internacional, no começo do século XX, a que se deveu a súbita decadência das economias do estados brasileiros do Norte, foi tradicionalmente atribuída à pirataria dos ingleses, que teriam roubado mudas das nossas seringueiras para as introduzir na Malásia, em regime de *plantation*, barateando os custos de produção. É Warren Dean, em sua magistral história da destruição da Mata Atlântica, *A ferro e fogo,* quem vai revelar que o que de fato ocorrera fora uma troca de espécies nativas entre o nosso Jardim Botânico e o deles, visando à aclimatação de plantas. O Jardim Botânico de Kew também enviou ao Brasil, graciosamente, a cinchona peruana, excelente no combate à malária.[7] Ou seja, as teorias conspiratórias são antigas.

Nesse mesmo livro de Warren Dean, é possível ver como os portugueses aqui chegados, e mais tarde os brasileiros, seus descendentes, sempre reagiram com desconforto às recomendações, críticas e políticas que visassem à proteção da Mata Atlântica, como foi a persistente desobediência às regulamentações régias que proibiam o corte de madeira de

A FUNÇÃO IDENTITÁRIA DA AMAZÔNIA...

lei no período colonial, vistas como uma ingerência indevida da Coroa nos negócios locais, até a hostilidade com que foram tratados os primeiros conservacionistas europeus e americanos que vêm trabalhar no Brasil e desesperadamente lutaram por proteger a Mata Atlântica. Como comenta Warren Dean, foi necessário que surgisse uma primeira geração de conservacionistas nativos no país para que o conservacionismo ganhasse legitimidade.[8]

Tudo isso nos deveria levar a crer que o orgulho e interesse manifestados pelos brasileiros em relação à Amazônia e seus extraordinários recursos não significa uma real apreciação e vontade de preservá-los, mas a afirmação de uma identidade nacional, que se faz em oposição ao Outro, ao estrangeiro, a quem reiteradamente se atribui a intenção de nos prejudicar. A Amazônia e seus recursos só são valiosos porque os outros os cobiçam. Condenáveis a sua apropriação e destruição por estrangeiros, legítimas e justificáveis se para os brasileiros, ainda que tal coisa possa ser lida apenas nas entrelinhas das declarações e protestos. Como disse certo deputado durante um debate sobre a reforma do Código Florestal: "Entre o homem e a árvore, fico com o homem".

A construção da identidade nacional dos brasileiros foi fruto de um longo processo, primeiro em oposição à metrópole portuguesa, depois a ingleses, franceses, argentinos e paraguaios. Ainda que a influência indígena no século XVI e XVII, e mais tarde a africana, tenha desempenhado um importante papel na formação da identidade cultural dos brasileiros, o descendente do imigrante português que começará a se sentir "brasileiro" conserva de Portugal a cultura, a língua e a predominância do sangue branco em seu tipo físico. Nesse sentido, era uma identidade ao mesmo tempo mais simples e mais difícil de ser construída, se a comparamos com a complexa identidade nacional de ou-

161

IDENTIDADE E GLOBALIZAÇÃO

tras colônias europeias, nas quais a população nativa permanecera numericamente majoritária, com suas características linguísticas, físicas e culturais claramente distintas daquelas do conquistador. Identidade complexa e fraccionada — como o mostra tão bem Octavio Paz em *Labirintos da solidão* — na qual se misturam conquistadores e conquistados, opressores e oprimidos, vítimas e carrascos.

Na verdade, o grande operador de diferenças identitárias no Brasil será a proximidade com o centro do poder. Proximidade geográfica, mas também política, conferida pelos laços de parentesco com as elites governantes em Lisboa.

Ao estudar a colonização ibérica do século XVI nas terras americanas, em *Raízes do Brasil*, Sérgio Buarque de Holanda apontará uma significativa diferença entre as colonizações espanhola e portuguesa. Enquanto os espanhóis tratavam de consolidar as suas novas conquistas por meio de políticas centralizadoras, códigos e regulamentações, construindo cidades mais fáceis de serem defendidas e habitadas, no interior dos territórios conquistados e em regiões de clima temperado, a colonização portuguesa assumia a feição de um sequência de feitorias ao longo do litoral. Enquanto espanhóis construíam um império, os portugueses repetiam o modelo de exploração comercial que fenícios e gregos haviam praticado na Antiguidade.[9] Se a colonização espanhola pretendia concluir o longo episódio da Reconquista, construindo um império e uma identidade nacional em contraposição aos judeus, muçulmanos e índios, como o estuda magistralmente Nelson Manrique em *El universo mental de la conquista de América*, os portugueses queriam apenas extrair o máximo proveito de suas novas colônias, mediante a exportação de suas mercadorias exóticas. O caráter de feitoria da colonização brasileira explicará por que só tão tardiamente se abrirão universidades, imprensa e

A FUNÇÃO IDENTITÁRIA DA AMAZÔNIA...

manufaturas no Brasil, enquanto as cidades espanholas nas Américas contarão com essas instituições desde muito cedo.[10] Também a modéstia das cidades brasileiras, construídas sem plano nem grandeza, decorreria daquela característica da expansão portuguesa. Se os espanhóis sentem a necessidade de administrar as novas terras conquistadas de forma centralizada e rígida, isso se deveria, segundo Sérgio Buarque de Holanda, ao fato de serem um povo que viveria sob contínua ameaça de desagregação. Já os portugueses gozariam de uma "apreciável homogeneidade étnica", fruto da precoce constituição do seu Estado nacional, ainda no século XIII. A expansão portuguesa não corresponderia, portanto, a um ideal de construção de uma identidade nacional, mas à pura ambição comercial da nova nobreza portuguesa, cuja origem mercantil dificilmente se fazia esconder. Famosos por sua avidez, os portugueses, no entanto, careciam das típicas virtudes econômicas necessárias ao desenvolvimento capitalista, sendo desleais nos negócios e deixando que o afeto e as relações de parentesco e amizade predominassem sobre a racionalidade econômica. Contudo, como observa Sérgio Buarque de Holanda, a avidez portuguesa por si só não deveria ser interpretada como indício de um espírito capitalista em gestação, pois faltavam aos portugueses justamente aquelas virtudes de racionalidade, laboriosidade e parcimônia que constituirão o fundamento do capitalismo moderno, na visão weberiana.

Essa proverbial avidez portuguesa pelo lucro fácil que caracteriza a colonização portuguesa, porém, certamente é um elemento decisivo para explicar a sanha com que foram depredados os recursos naturais da nova colônia, pois, como comentava o padre Manoel da Nóbrega, os que vinham para cá esperavam retornar em breve a Portugal, sendo incapazes, portanto, de se ligar afetivamente às novas terras.[11]

IDENTIDADE E GLOBALIZAÇÃO

Assim, acresce-se à mentalidade antropocêntrica da época das descobertas, que via a natureza como uma doação divina destinada ao nosso usufruto — mentalidade tão bem descrita por Keith Thomas em *O homem e o mundo natural* — a busca do lucro fácil, próprio da expansão comercial portuguesa. O fato de que essa colonização tenha encontrado na sua colônia brasileira terra farta e tenha podido explorar mão de obra escrava indígena e depois africana contribuiu mais ainda para uma exploração radicalmente predatória dos recursos naturais, a ponto de Sérgio Buarque de Holanda afirmar que a agricultura no Brasil mais se aproximava da mineração do que de qualquer outra coisa.[12]

Relegados a esse mundo distante e inóspito, cercados por uma Mata Atlântica cuja exuberante riqueza não se adaptava aos seus cultivos e a sua pecuária tradicional, os primeiros brasileiros portugueses parecem ter se sentido como filhos pródigos, que, exilados dos seus privilégios, teriam pelo menos direito a "tudo o que esta terra tem". E, no entanto, lá vinha a Coroa a proibir a extração da madeira de lei, a controlar a ocupação das terras públicas, a devastação das florestas e dos mangues, a escravização da mão de obra indígena, a cercar as províncias auríferas e a controlar o tráfico negreiro. É justamente por isso que a independência irá significar um sinal verde para o aumento da devastação dos recursos naturais do país e para o prolongamento do tráfico negreiro e da escravização de índios, sob o disfarce de "guerra contra os botocudos".[13] Tinham de ser os cientistas europeus, na comitiva de D. Leopoldina, que apontariam pela primeira vez a espantosa riqueza presente na Mata Atlântica e na Floresta Amazônica e que comentariam consternados o frenético ritmo de destruição dessas maravilhas. Aí se renova e se reitera o tema da cobiça estrangeira. Não mais a Coroa portuguesa

## A FUNÇÃO IDENTITÁRIA DA AMAZÔNIA...

privilegiando os seus filhos metropolitanos e abandonando os seus brasileiros, mas as novas potências da Era do Imperialismo, a Inglaterra, a Alemanha Imperial, a França. Na virada do século, já quase completada a obra de destruição da Mata Atlântica, são os cientistas europeus e americanos, preocupados com a preservação dos últimos redutos dessa gigantesca mata, que serão acusados de representar interesses escusos.

Que interesses seriam esses? Prejudicar o desenvolvimento nacional, ao impedir o desenvolvimento de cultivos de alto valor de mercado, como o café e a cana, a pecuária, as estradas de ferro e a construção de represas hidrelétricas, pois elas implicavam desmatamento.

As teorias conspiratórias atuais atribuem às potências estrangeiras a intenção de preservar a Amazônia por ser ela o "pulmão do mundo", tese cientificamente falsa, ou porque a destruição de grande parte de suas florestas temperadas teria tornado a Floresta Amazônica o último e maior reservatório de madeira do planeta. Além disso, os recursos hídricos da Amazônia atrairiam a atenção mundial em virtude das previsões de uma crescente escassez de água no planeta. De pouco adianta argumentar que a preservação da Floresta Amazônica não beneficiaria apenas as potências estrangeiras, mas a todos nós, em particular os brasileiros, ao se deter o processo de desertificação e savanização da Amazônia, cujas consequências serão catastróficas para todo o país. Nem tampouco argumentar que a ocupação física da Amazônia seria uma temeridade militar e uma inutilidade econômica, já que a obtenção de seus recursos pode ser feita — e vem sendo — recorrendo-se aos conhecimentos de comunidades tradicionais e povos indígenas, que foram capazes de identificar propriedades medicinais e outras em plantas e animais da floresta. Centenas de plantas, insetos e animais vêm sendo estudadas para a produção de fármacos

IDENTIDADE E GLOBALIZAÇÃO

e outras substâncias, que são em seguida patenteados, desrespeitando-se o caráter coletivo desses conhecimentos tradicionais. Também é inútil discutir a impossibilidade técnica de se coletar, armazenar e exportar a água doce brasileira. Por aquedutos transcontinentais? Uma grande frota de navios-tanque? Enquanto se alimentam tais temores, companhias estrangeiras estão praticando uma pesca altamente predatória no rio Amazonas, ameaçando os estoques de espécies de peixes de enorme valor protéico, que são exportados para a Europa.

Na verdade, aqui não se trata de raciocínio lógico. Como em todos os estereótipos sobre o Outro, o que menos importa é a verdade. A função do estereótipo é de ordem simbólica, identitária. O Outro é aquele que é diferente de mim e que é pior do que eu.[14] Ou eu sou melhor do que ele. No trato da natureza, esse ego nacional, capaz de destruir uma Mata Atlântica inteira no período de 500 anos e observar impávido a acelerada destruição da maior floresta tropical do mundo, gostosamente projeta no Outro os seus desejos inconfessáveis, mas que tenta cotidianamente satisfazer. Atribui-se ao estrangeiro, portanto, justamente o que queremos e fazemos. Absolvidos estamos dos nosso pecados, pois há quem seja bem mais pecador do que nós.

E, como em toda identidade comunitária, a identidade nacional suprime as diferenças, rejeita a existência de interesses e discursos diversos, impondo a todos aqueles interesses e discursos mais poderosos. Sob o encanto dessas interpretações nacionalistas, as teorias conspiratórias sobre a cobiça estrangeira em relação à Amazônia pretendem congraçar em um mesmo povo solidário brancos e índios, fazendeiros e agricultores familiares, gatos e mão de obra escrava, grileiros e posseiros, populações ribeirinhas e agronegócio, madeireiros e assentamentos de reforma agrária

166

## A FUNÇÃO IDENTITÁRIA DA AMAZÔNIA...

na Amazônia, pobres e ricos, opressores e oprimidos, grandes construtoras e população atingida pelas barragens.

Portanto, a tolerância com as teorias conspiratórias, particularmente de parte da comunidade acadêmica, é extremamente nociva, pois, ao reforçar a função mistificadora de uma identidade nacional orgulhosa de uma Amazônia rica e exuberante e de um estrangeiro ganancioso, esconde as enormes desigualdades de poder e diversidade de interesses que fragmentam a sociedade brasileira e as responsabilidades diferenciadas dos diversos grupos e instituições sociais no acelerado processo de destruição da Floresta Amazônica.

As identidades nacionais, contudo, são construções mentais extremamente poderosas, pois, como diz Cornelius Castoriadis, na modernidade é a nação que preenche a função identitária, necessária a todo grupo social. Ela o faz por meio de uma tripla referência imaginária a uma "história comum", pois essa história é puro passado, não é tão comum assim e em grande parte é puro mito.[15]

A salvação da Floresta Amazônica depende, portanto, da desmistificação dessa "história comum", pois esse passado mais nos dividiu socialmente do que nos uniu, formando-se a sociedade brasileira por meio da exploração do trabalho escravo e da destruição implacável da Mata Atlântica.

Ao concluir *A ferro e fogo*, Warren Dean manifestava a esperança de que a trágica história da Mata Atlântica pudesse servir para alertar o país contra as terríveis consequências de uma destruição da Floresta Amazônica. Isso só será possível caso abandonemos a prática de fugir às nossas responsabilidades históricas e projetarmos os nossos pecados em supostos inimigos externos. Pois, como disse Otávio Paz sobre os mexicanos em *Labirinto da solidão*, a história poderia esclarecer a origem de muitos de nossos fantasmas, mas não os dissipará, pois só nós poderíamos enfrentá-los.

IDENTIDADE E GLOBALIZAÇÃO

## Bibliografia

HOLANDA, Sérgio Buarque de. *Raízes do Brasil*. São Paulo: Companhia das Letras, 2006.

CASTORIADIS, Cornelius. *A instituição imaginária da sociedade*. São Paulo: Paz e Terra, 1986.

_____. *O mundo fragmentado*. São Paulo: Paz e Terra, 1990.

DEAN, Warren. *A ferro e fogo: a história e a devastação da Mata Atlântica brasileira*. São Paulo: Companhia das Letras, 1997.

MANRIQUE, Nelson. *El universo mental de la conquista de America*. Lima: Desco, 1993.

PAZ, Octavio. *El laberinto de la soledad — Postdata — Vuelta a el laberinto de la soledad*. Cidade do México: Fondo de Cultura Económica, 2000.

THOMAS, Keith. *O homem e o mundo natural*. São Paulo: Companhia das Letras, 1988.

VAINER, Carlos, B. "Águas para a vida, não para a morte. Notas para uma história do Movimento dos Atingidos por Barragens no Brasil". *In* ACSELRAD, H.; HERCULANO, Selene e PADUA, J. A. (orgs.). *Justiça ambiental e cidadania*. Rio de Janeiro: Relume Dumará/Fundação Ford, 2004.

## Notas

1. Socióloga, doutora em antropologia, professora dos cursos de ciências sociais e relações internacionais da PUC-SP.

2. O diplomata e sociólogo Paulo Roberto Almeida elaborou um dossiê sobre o conjunto de fraudes divulgadas por meio da internet desde 2000. São quatro "ondas" baseadas na

A FUNÇÃO IDENTITÁRIA DA AMAZÔNIA...

mesma história de um livro didático e uma nova peça, sobre viajantes a Roraima, de 2005. Ver "Dossiê Amazônia: anatomia de uma fraude" em www.pralmeida.org.

3. Ver capítulo do livro *Justiça ambiental e cidadania*, em que Carlos Vainer historia as origens do Movimento dos Atingidos por Barragens.

4. A íntegra da conferência está no site da Associação dos Engenheiros da Petrobras (Aepet), boletim de 13 de junho de 2005, nº 728.

5. Vide comentários da Associação Brasileira de Organizações Não Governamentais (Abong) sobre os resultados da CPI, no site da entidade.

6. O site Ame ou Deixe-o tem vários artigos sobre a internacionalização da Amazônia e um mapa em que o Brasil aparece sem a Amazônia Legal. Ao lado, a pergunta: "Você já parou para pensar nisso?"

7. Warren Dean, p. 241.

8. Idem, p. 253.

9. Sérgio Buarque de Holanda, p. 98.

10. Idem, p. 119.

11. Idem, p. 107.

12. Idem, p. 49.

13. Warren Dean, p.168.

14. Cornelius Castoriadis, "Reflexões sobre o racismo" *In O mundo fragmentado*, São Paulo, Paz e Terra, 1992.

15. Cornelius Castoriadis, *A instituição imaginária da sociedade*, São Paulo, Paz e Terra, 1986, p. 179.

# Identidade, globalização e secularização

**Maria das Dores Campos Machado[1]**

## I — INTRODUÇÃO

Em 2005 passei uma longa temporada em Buenos Aires com o intuito de fazer pós-doutorado no Instituto de Desarrollo Económico y Social.[2] Para a estada naquela que é considerada a "cidade mais europeia da América do Sul", aluguei um apartamento mobiliado. Quando lá cheguei, a primeira coisa que observei foi uma grande escultura de um guerreiro medieval que, colocada bem no centro da mesa da sala, pareceu-me desproporcional e pesada demais para o pequeno ambiente. Percebi também que dentro da cristaleira de vidro e espelho havia outra peça, bem menor, mas do mesmo material da anterior, representando a Virgem de Lujan, que posteriormente reencontraria em vários espaços públicos da cidade.[3] Curiosamente, por um defeito na fechadura, a porta não parava fechada, dando à cristaleira a aparência de um oratório que guardava a imagem sacra. Poucas horas depois meus livros, laptop e papéis profanariam esse espaço, cuja decoração sugeria uma celebração da conquista de novas terras e almas pelos cristãos da Europa, com a sala virando um escritório e a cristaleira uma minibiblioteca.

Começo este artigo com esse breve relato porque essas primeiras impressões marcariam toda a minha estada naquela cidade. Brasileira e estudiosa do fenômeno religioso em uma formação social em que existe um forte reconheci-

IDENTIDADE E GLOBALIZAÇÃO

mento da importância da religião na matriz cultural e dos atores religiosos, individuais e coletivos na vida social e política, estranharia a posição marginal desse fenômeno no debate público e a difusão nos meios acadêmicos e de comunicação de uma forma de representação social que enfatizava o caráter secular da sociedade. Das minhas primeiras estadas naquele país guardara a imagem dos dois templos católicos que, com a Casa Rosada, contornam a Plaza de Mayo e sugerem a proximidade das duas formas de poder: o religioso e o político. Os restos mortais de San Martin, o herói nacional, dentro da catedral católica eram também uma imagem muito forte, ainda que várias vezes eu tivesse escutado argumentos que procuravam situar o deslizamento das linhas fronteiriças dessas duas esferas no tempo passado. As notícias nos meios de comunicação sobre as constantes manifestações sociais na mesma praça pareciam sugerir também que, diferentemente dos brasileiros que ainda hoje encontram na religiosidade um dos seus traços mais marcantes de sua identidade nacional, os argentinos se caracterizariam por uma intensa participação na vida política. Mas existiria mesmo essa disjunção entre a política e a religião na sociedade argentina contemporânea? Dito de outra maneira, o processo de secularização estaria mais avançado naquela configuração social?

A esta altura o leitor poderá se perguntar se a pesquisadora *outsider*, desconhecendo as especificidades históricas e culturais da Argentina, não estaria equivocadamente buscando naquela configuração social o fenômeno do entrelaçamento da política com a religião que ocorre no Brasil e em vários outros países do continente americano. Aqui é importante informar que há anos participava da Associação dos Cientistas Sociais da Religião no Mercosul, que surgira da iniciativa de alguns antropólogos argentinos de se reunir com pesquisadores do Brasil, Chile e Uruguai. E que, por-

## IDENTIDADE, GLOBALIZAÇÃO E SECULARIZAÇÃO

tanto, conhecia estudos da religiosidade popular sobre a importação dos cultos afro-brasileiros,[4] a expansão recente do pentecostalismo[5] e o crescimento dos movimentos Renovação Carismática Católica[6] e New Age[7] na periferia e na própria capital federal. De modo que não poderia deixar de questionar as representações daquela formação social, que por vezes davam a impressão de ignorar a dimensão religiosa e a produção socioantropológica local sobre o tema.

Sabendo que a valorização dos temas que integram a agenda científica depende do contexto sociopolítico, dos interesses das agências financiadoras e das matrizes teóricas hegemônicas nos centros de pesquisa e ensino, comecei a buscar algumas hipóteses que explicassem a valorização da cultura política e a indiferença, para não falar de um certo preconceito, de parte de uma parcela significativa dos produtores de conhecimento e dos fazedores da opinião pública em relação às expressões religiosas dos grupos sociais locais. Essa inquietação inicial acabou me levando, por um lado, aos estudos dos fluxos globais e das complexas relações entre atores globais e locais e, por outro, à realização de um curto trabalho de campo em templos pentecostais e católicos em Buenos Aires.

Neste artigo, parto da difusão das expressões religiosas brasileiras em terras argentinas para: a) repensar os efeitos das forças globalizadoras, especialmente do grande desenvolvimento das tecnologias de transporte e de informação, nas expressões religiosas e no processo de construção das identidades; e b) discutir o valor heurístico da categoria secularização para os estudos sobre as sociedades contemporâneas. Reconhecendo que o pensamento social latino-americano foi fortemente influenciado pelas teorias que associam a modernidade à ciência e ao declínio da religião, procuro mostrar que o termo secularização chegou até nós como outras categorias de análise, por meio dos fluxos das

## IDENTIDADE E GLOBALIZAÇÃO

ideias e das trocas culturais com os pensadores europeus e americanos. Dito de outra maneira, trata-se de uma expressão da dimensão cultural da globalização que não se resume ao intercâmbio de ideias e paradigmas por parte dos cientistas sociais e filósofos, mas que está relacionada com um conjunto de inter-relações entre os diferentes atores coletivos globais e locais em atividade na contemporaneidade: movimentos sociais, ONGs, universidades etc.

Inicio este artigo, estruturado em três partes, com uma breve discussão sobre a intensificação dos processos globais e a tensão contemporânea entre as tendências de homogeneidade e heterogeneidade cultural nas sociedades que compõem a ordem mundial. Na segunda sessão, privilegio o conceito de secularização, não só retomando as clássicas teses que associam a modernidade com a urbanização, a industrialização e o declínio da religião como também fazendo um levantamento das contribuições do pensamento social e filosófico contemporâneo acerca da "emergência" de fundamentalismos no início do século XXI. Finalmente, na terceira sessão faço algumas considerações sobre a América Latina, em especial sobre os países que integram o Mercosul, tentando mostrar como, a despeito das tendências comuns de declínio do catolicismo, fluxos de grupos confessionais e a difusão de movimentos New Age podem ser identificados como formas plurais de se viver e representar as experiências religiosas nas sociedades nacionais dessa região.

## I — GLOBALIZAÇÃO E RELIGIÃO

Até o século XIX, as religiões de conversão, assim como as guerras, representavam as principais forças propulsoras das interações culturais. No caso do islã, como bem des-

IDENTIDADE, GLOBALIZAÇÃO E SECULARIZAÇÃO

creveu Appadurai (2001), a guerra foi usada como instrumento de expansão. Mas não se pode menosprezar a violência simbólica praticada pelos representantes da Igreja Católica contra as populações indígenas e, posteriormente, contra os escravos africanos durante a colonização da América Latina. No caso específico dessa configuração geográfica, a despeito de se constatar que os fluxos humanos oriundos tanto da Europa quanto da África foram acompanhados pelos fluxos de crenças e rituais de natureza distintas das tribos indígenas locais, a expressão religiosa que se impôs como hegemônica foi a dos colonizadores. Ou seja, tanto a cosmologia quanto as práticas religiosas dos índios e escravos africanos foram combatidas pelos espanhóis e portugueses em nome do catolicismo e da civilização, entendidas naquele contexto como sinônimos.

Curiosamente, esse papel proeminente e histórico no tráfico cultural a larga distância não tem garantido a atenção devida de muitos dos teóricos contemporâneos da sociologia da globalização. Mesmo aqueles que enfatizam os deslocamentos populacionais, os processos comunicativos e as diásporas de ideias ou de valores têm reservado um lugar bem marginal para as relações entre o fenômeno religioso, a anulação tecnológica das distâncias de tempo e espaço e as novas formas de sociabilidade. Assim, tanto a participação crescente das correntes fundamentalistas dos protestantes no debate público e na política eleitoral dos Estados Unidos quanto a afirmação pública da identidade muçulmana em países do continente europeu — ou, ainda, a política cultural radical de certos grupos judeus, que, se examinada com mais cuidado, poderia ajudar no entendimento da tensão entre as forças padronizadoras e diferenciadoras dos fluxos globais — são ainda hoje objetos de estudo preferencialmente dos sociólogos da religião (Robertson, 1994; Beyer, 1994; Pace, 2005, entre outros).

IDENTIDADE E GLOBALIZAÇÃO

Isso, por um lado, pode expressar a fragmentação do próprio campo do conhecimento social, mas, por outro, está relacionado com as teses delineadas pelos clássicos do pensamento social acerca da incompatibilidade da religião com a modernidade.

Trabalharei mais cuidadosamente essa questão na sessão dedicada ao paradigma da secularização, que tem um importante sustentáculo na tese de Weber a respeito da crescente racionalização das esferas da vida no mundo ocidental. Por ora, queria registrar que a longa hegemonia das teses da redução contínua da importância das religiões nas sociedades modernas pode nos ajudar a entender a pouca atenção aos fluxos das crenças e práticas religiosas nos estudos que integram a sociologia da globalização.

Conceito polivalente e impregnado de ambivalências pelos múltiplos significados que comporta, a globalização é, de modo geral, pensada em termos de uma tendência histórica de redução das distâncias espaciais e temporais,[8] entre outras, e, consequentemente, de intensificação das interconexões entre atores sociais individuais e coletivos (empresas, igrejas, Estado-nação, ONGs, movimentos sociais etc.) que se deslocam ou que, embora se encontrem nos mais distintos pontos geográficos do mundo, mantêm relações por meio dos fluxos de capital financeiro, tecnologias, ideias e imagens (Mato, 2001). Dito de outra maneira, trata-se de um fenômeno multidimensional que envolve processos de circulação, em uma amplitude hoje quase planetária, de dinheiro, maquinaria, populações e informação. Embora reconheça a importância do trânsito do capital e da maquinaria nas relações internacionais e transnacionais, privilegiarei os deslocamentos populacionais e as diásporas de ideias e imagens, tendo em vista os objetivos da minha análise neste artigo.

## IDENTIDADE, GLOBALIZAÇÃO E SECULARIZAÇÃO

Uma das questões mais discutidas e controversas da sociologia da globalização se refere aos efeitos homogeneizadores dos processos de circulação anteriormente mencionados. Parte da literatura que enfatiza o grande desenvolvimento dos meios de transporte e de comunicação, assim como a intensificação das interações reais e virtuais no mundo atual, identifica entre as principais consequências desses processos a tendência de estandartização cultural e de criação de uma sociedade planetária ou, como sugeriu Luckman (1998), de uma aldeia global. Entretanto, existe hoje uma série de autores que prefere pensar as consequências socioculturais das forças globalizadoras em termos de dupla tendência, resgatando a tensão entre a homogeneização e a diferenciação dos grupos em interação. Assim, a despeito da fluidez do capital, da desterritorialização de grandes contingentes populacionais, do fluxo tecnológico e da transmissão em tempo real de imagens e informações, sugerindo a difusão das ideologias do consumo e do individualismo, típicas do capitalismo contemporâneo, algumas características dos processos em questão são identificadas como responsáveis por um efeito paradoxal, que é o reforço da segregação social e das diferenças culturais entre os atores sociais.

Um ponto importante levantado por Appadurai (1994: 317) se refere aos rumos e à intensidade dos diferentes fluxos com força globalizadora. Segundo esse pensador, embora a circulação de maquinaria, das pessoas, do dinheiro, das ideias e das imagens variasse em alguma medida em todas as épocas históricas, a velocidade, a escala e o volume que cada um desses processos atingiu nos dias atuais "é tão grande que as disjunções se tornaram fundamentais para a política cultural global". Dito de outra maneira, a movimentação humana, o fluxo tecnológico e as transferências financeiras estão sujeitos não só às suas próprias

## IDENTIDADE E GLOBALIZAÇÃO

restrições, mas também são influenciados pelos incentivos políticos ou tecnoambientais oferecidos pelas distintas sociedades. Além disso, cada um deles pode inibir ou servir de parâmetro para o desenvolvimento dos demais, o que resulta numa relação profundamente disjuntiva das diferentes espécies de fluxos por onde se deslocam as ideias e as imagens. Essa capacidade de acomodar entre si um relacionamento disjuntivo encontra-se, portanto, na raiz do atual processo de produção das diferenças culturais.

Com o olhar mais centrado no caráter desigual do capitalismo em tempos de intensificação das forças globalizadoras, Bauman (1999: 8) vai colocar a ambivalência do fenômeno aqui tratado nos seguintes termos:

> La globalización divide en la misma medida en que une; las causas de la división son las mismas que promueven la uniformidad del globo. Juntamente con las dimensiones planetarias emergentes de los negocios, las finanzas, el comercio y el flujo de información, se pone en marcha un proceso "localizador", de fijación del espacio. Estos dos procesos estrechamente interconectados introducen una tajante línea divisoria entre las condiciones de existencia de poblaciones enteras, por un lado, y por los diversos segmentos de cada una de ellas, por otro. Lo que para algunos aparece como globalización, es localización para otros.

Nessa perspectiva, a anulação tecnológica das distâncias de tempo e espaço, longe de homogeneizar a condição humana, tende a polarizá-la. Os setores sociais que dispõem de recursos econômicos e cognitivos formam uma elite culta e transnacional que não só percorre o mundo em viagens de negócios, estudos e turismo como pode ter acesso a várias redes de informações, serviços e imagens,

## IDENTIDADE, GLOBALIZAÇÃO E SECULARIZAÇÃO

por meio das mais recentes e sofisticadas tecnologias de comunicação. Por outro lado, os segmentos sociais mais pobres, que representam a maior parte da população mundial, se veem obrigados a permanecer em localidades de recursos escassos — seja pelas suas próprias dificuldades financeiras e linguísticas, seja pelas políticas de controle da imigração e pela discriminação étnico-religiosa nas sociedades mais desenvolvidas — e ficar à margem dessas forças globalizadoras. E o mais paradoxal: a compressão das dimensões espaciais e temporais acaba provocando uma falta de diálogo entre a elite culta e os segmentos populares que compõem as sociedades. Esse é um ponto interessante que retomarei quando tratar dos riscos implícitos na tendência dos cientistas sociais de pensar a religiosidade da América Latina a partir de categorias analíticas e dos modelos teóricos europeus ou americanos. Por ora, queria chamar atenção para a contribuição dos autores latino-americanos para esse debate da globalização.

Não são poucos os que identificam na raiz da perspectiva hoje denominada de estudos culturais os escritos de Garcia Canclini e Jésus Martin Brabero acerca das sociedades latino-americanas. Esses autores[9] têm demonstrado uma preocupação de estudar a globalização do ponto de vista dos que consomem os produtos culturais e/ou dos encontros e desencontros entre culturas e certamente contribuíram para resgatar a dinâmica da interação social e da negociação de sentidos para o centro do debate atual. Dito de outra maneira, sem esquecer as assimetrias de poder existentes entre os grupos sociais, esses cientistas sociais atuaram na criação de uma vertente teórica que pensa os fluxos como processos sociais, nos quais os atores locais e globais se formam, transformam-se, colaboram, entram em conflito e negociam (Mato, 2001: 131). Nesse sentido, é interessante observar que, entre os pontos mais instigantes

## IDENTIDADE E GLOBALIZAÇÃO

das discussões contemporâneas na América Latina, encontra-se o tema da assimetria da globalização cultural.

Seguindo a trilha aberta por Appadurai, Mato tem contribuído para o avanço dessa perspectiva na medida em que enfatiza o caráter transnacional da própria produção científica e apresenta as categorias analíticas que constituem as bases das teorias e dos discursos acadêmicos como um tipo especial de representação social. Na visão desse autor, a pauta de investigação das comunidades científicas da América Latina é influenciada não só pelas diásporas dos intelectuais — voluntárias e forçadas — e das ideias e temas, mas também pelas relações inter e transnacionais dos atores locais com atores globais. De modo que a consciência sobre o fenômeno da globalização é resultado não só dos fluxos de sistemas teóricos e modelos explicativos, mas também da influência da política de atores coletivos globais, como a ONU, o Fundo Monetário Internacional, os bancos bilaterais, os movimentos sociais de caráter transnacional etc. Do ponto de vista deste artigo, o que me parece mais interessante é que esse tipo de argumento permite reconhecer as distintas formas de os atores locais se representarem e representar a globalização e, assim fazendo, reconhecer as distintas formas de consciência de globalização.

Essa é uma questão muito importante, tendo em vista que uma crítica comum aos estudos que trabalham o marco da globalização tem sido justamente a ênfase desmedida em algumas tendências em curso nas sociedades europeias e nos Estados Unidos, em detrimento das distintas formas de reação a tais tendências dos atores individuais e coletivos que compõem as formações sociais latino-americanas. Nesse sentido, um dos pontos mais destacados pelos estudiosos tem sido a dupla tendência à secularização e ao fundamentalismo.

IDENTIDADE, GLOBALIZAÇÃO E SECULARIZAÇÃO

## II — A SECULARIZAÇÃO DAS SOCIEDADES E O FUNDAMENTALISMO RELIGIOSO

...a globalização é um processo de decomposição e recomposição da identidade individual e coletiva que fragiliza os limites simbólicos dos sistemas de crenças e pertencimento. A consequência é o aparecimento de uma dupla tendência: ou a abertura à mestiçagem cultural ou o refúgio em universos simbólicos que permitem continuar imaginando unida, coerente e compacta uma realidade social profundamente diferenciada e fragmentada. (Pace, 1999: 32)

Embora nas três últimas décadas se tenha discutido, e muito, a crise do paradigma da secularização, é inegável que a tese do declínio do valor cultural da religião e da autoridade das instituições confessionais nas sociedades contemporâneas continua a ser a grande questão da sociologia da religião. Nesse sentido, mesmo aqueles autores que interpretam as expressões religiosas contemporâneas como o "retorno do sagrado", "a revanche de Deus" (Kepel, 1992) ou "a acomodação da religião à sociedade pós-secular" (Habermas, 2005) tendem a adotar a categoria secularização como um dos polos de um sistema classificatório que encontra seu contraste no termo fundamentalismo. Ou seja, parte da tese de racionalização das esferas cultural e política para construir uma nova antinomia sociológica, que se inspira, por um lado, nas sociedades liberais ocidentais e, por outro, nas experiências das repúblicas muçulmanas da Ásia e da África para compor a dualidade secularização e fundamentalismo. E é essa perspectiva dual que predomina nas análises sobre os efeitos das forças globalizadoras na esfera religiosa, numa tradução do que Giddens (1991) chamou de tendências de destradicionalização e de reforço às tradições locais.

## IDENTIDADE E GLOBALIZAÇÃO

De modo geral, verifica-se uma forte inclinação dos sociólogos a associar os fluxos globais com os processos de subjetivização de crenças e de ampliação da autonomia dos atores sociais em relação às estruturas eclesiásticas. Assim, na visão de Enzo Pace (1997: 39), a globalização "favorece a secularização", jogando água nos moinhos do individualismo ético e aumentando a dificuldade "das instituições que ostentam certo capital de autoridade e de tradição na história para regular, dentro de limites seguros e estáveis, seus sistemas de crenças". Na mesma direção, Danielle Hervié-Leger argumenta que, em tempos de globalização

> el hecho principal no es la reducción del credo, sino su diseminación individualista independiente de los grandes "códigos del credo" definidos por las instituciones religiosas. En una sociedad donde la autonomía de los individuos se afirma en todos los sectores, la creencia religiosa no es una excepción. Más que decantarse por la conformidad con las "verdades" enarboladas por las instituciones, los individuos se unen a la autenticidad de una búsqueda espiritual personal y se "elaboran" cada vez más libremente relatos creyentes que les permiten aportar un sentido subjetivo a su experiencia del mundo.

Não é difícil perceber a influência de Weber nesse debate, em que as duas dimensões do processo de secularização, a cultural e a societária, aparecem bastante articuladas. Partindo da experiência das sociedades europeias, esses autores não percebem os problemas epistemológicos de apresentar de maneira atrelada as hipóteses de difusão dos processos de racionalização religiosa e a da racionalização jurídico-legal, como se a separação entre o Estado e a Igreja não fosse uma experiência histórica circunscrita a determinadas sociedades e como se a forma de relação

## IDENTIDADE, GLOBALIZAÇÃO E SECULARIZAÇÃO

dessas instituições fosse similar nas diferentes formações sociais que integram o mundo ocidental.

Na sessão seguinte chamarei a atenção para o relacionamento peculiar da Igreja Católica com o Estado argentino para ilustrar as dificuldades de se empregar o termo secular para classificar aquela sociedade. Aqui, porém, queria retomar a contribuição de Appadurai (2001) e enfatizar a necessidade de que os estudos sobre o fenômeno religioso na contemporaneidade incorporem a análise das restrições e dos incentivos das instituições locais aos fluxos globais, assim como das negociações de sentido em torno das ideias e/ou crenças em circulação. Afinal, fiel ao Weber da sociologia comparativa, acredito que os processos de racionalização podem se dar em várias direções, e é estudando as diferentes experiências das sociedades nacionais e de suas interconexões com o mundo global que poderemos ter uma compreensão mais apurada da realidade atual.

Pesquisas recentes sobre a participação dos atores religiosos evangélicos — coletivos e individuais — no jogo político brasileiro demonstram que se, por um lado, o processo de privatização religiosa torna-se cada vez mais visível, por outro verifica-se uma tendência de reforço da atuação de instituições eclesiásticas na esfera pública e a inserção de especialistas do sagrado nos poderes legislativos e executivos do país.[10] Esse deslocamento das fronteiras fomenta a controvérsia atual se estaríamos frente a uma politização da religião ou se, ao contrário, estaríamos vivendo uma religiosização da política. Na realidade existem grupos e atores religiosos individuais que valorizam esses poderes, interpretando-os como espaço de disputa das comunidades confessionais frente aos privilégios da Igreja Católica no país. Desse modo, mais do que uma reação ao Estado secular, essas iniciativas sugerem um reforço ao modelo liberal de organização política, ainda que se

## IDENTIDADE E GLOBALIZAÇÃO

possa identificar alguns atores com pretensões mais tradicionalistas.

E aqui deve-se registrar o uso generalizado, não só na mídia como também entre os sociólogos da religião, do termo fundamentalismo para os grupos religiosos que apresentam ideologias e formas de sociabilidade mais tradicionais. Criado originalmente para caracterizar as posições doutrinárias dos segmentos evangélicos americanos frente à teologia liberal do fim do século XVIII e início do século XIX, essa categoria vem sendo usada sem cuidado para qualificar desde os pentecostais, em expansão na América Latina, aos muçulmanos, que queimaram bandeiras, apedrejaram as embaixadas e promoveram boicotes aos produtos de países ocidentais na Síria, Indonésia etc., em resposta às charges publicadas num jornal dinamarquês. Entretanto, uma pesquisa quantitativa feita recentemente em dez países identifica diferenças significativas na forma de viver a fé, na moralidade sexual e nas ideias e atitudes políticas dos que se declaram pentecostais.[11] Só para ilustrar, em sete dos países investigados a maioria dos pentecostais é favorável à separação entre o Estado e a Igreja, reforçando a necessidade de cautela no uso generalizado do termo fundamentalista.

De qualquer maneira, é importante destacar que existe uma forte propensão dos cientistas sociais de interpretar a presença dos grupos tradicionalistas no mundo atual em termos de uma consequência da globalização e da própria secularização.[12] Nessa perspectiva, o fundamentalismo torna-se um produto endógeno da esfera do sagrado e a "modernidade religiosa" se inscreve numa zona de tensão entre duas tendências: a de "banalização das fronteiras inter-religiosas, liberalização institucional e *bricolage* individual de crenças", por um lado, e "a do reforço às identidades comunitárias", por outro (Hervié-Leger, 2003: 4).

## IDENTIDADE, GLOBALIZAÇÃO E SECULARIZAÇÃO

Parte da literatura associa essa tendência ao comunitarismo ao processo de mobilização populacional. Mas uma outra parte, principalmente aqueles pensadores mais preocupados com as desigualdades econômicas promovidas pelo capitalismo, prefere enfatizar os vínculos dessa tendência com a segregação social promovida pela globalização. Na primeira linha de raciocínio, a desterritorialização de populações trabalhadoras favorece o fluxo de formas de tradicionalismo para as sociedades relativamente mais prósperas, uma vez que frequentemente se cria um "sentimento exacerbado e intenso de críticas e de apego à política do país de origem". Por isso, é possível falar em "fundamentalismos globais" quando se defronta com o desafio de interpretar as comunidades hindus e islâmicas na Europa (Appadurai, 1994: 318). Já os que analisam o tradicionalismo a partir das desigualdades de condições dos segmentos sociais que participam dos processos globalizadores apontam a segregação e a marginalização social progressiva como os fatores propulsores das identidades comunitárias. De acordo com essa vertente, os fundamentalismos encontrariam um terreno mais fértil nos setores marginalizados das formações sociais contemporâneas. Assim, teríamos uma cultura secular e globalizada nas elites econômicas e cultas, que por isso mesmo podem ser transnacionais, convivendo com expressões culturais mais tradicionalistas na base das pirâmides sociais das diferentes sociedades. Nas palavras de Bauman (1999: 9),

> Las tendencias neotribales y fundamentalistas, que reflejan y articulan las vivencias de los beneficiarios de la globalización, son hijos tan legítimos de ésta como la tan festejada "hibridización" de la cultura superior, es decir, la cultura de la cima globalizada.

IDENTIDADE E GLOBALIZAÇÃO

Certamente, as condições assimétricas são acirradas com a intensificação da circulação dos segmentos trabalhadores em busca de emprego e terras ou forçados pelas situações de guerra. Da mesma forma, é inegável que, como a movimentação ocorre em direção às sociedades mais prósperas, existe uma propensão de o senso comum associar os setores tradicionalistas com os *outsiders,* gerando muitas vezes os conflitos xenófobos. Entretanto, não se pode ignorar que as tendências em direção à secularização e ao tradicionalismo podem ser encontradas no interior das mais distintas sociedades e que a característica tradicional dos grupos nem sempre se deve aos valores dos migrantes externos. Mas essa discussão só avançará na medida em que pesquisas empíricas e comparativas envolvendo grupos religiosos em diferentes formações sociais proporcionarem novos elementos para a explicação da relação do fenômeno religioso com as outras dimensões da vida social contemporânea.

## III — RELIGIÕES TRANSNACIONAIS NA AMÉRICA LATINA

Caminhando no Centro de Buenos Aires, a poucos metros do monumento mais representativo da cidade, o obelisco na avenida Nove de Julho, pode-se encontrar, em meios aos muitos letreiros iluminados que anunciam uma casa de bingo, um McDonald, farmácias, cabines telefônicas ou serviços de internet, uma placa da igreja dos "pastores brasileiros": a Iglesia Universal Del Reino de Dios. Com as cores azul, vermelha e branca que marcam a denominação nos mais de 20 países do mundo em que atua, o letreiro chama a atenção em primeiro lugar pela posição vertical e pelo tamanho, acompanhando os quatro andares do prédio aci-

## IDENTIDADE, GLOBALIZAÇÃO E SECULARIZAÇÃO

ma da placa que caracteriza as fachadas padronizadas dos seus templos. Destaca-se também pela inscrição, logo abaixo do símbolo da Igreja — o coração vermelho com uma pomba branca no interior —, do número de registro do grupo confessional na Secretaria de Culto do Ministério das Relações Exteriores do país. Já conhecera alguns templos dessa igreja em outras metrópoles do mundo, mas nunca tinha visto nada semelhante e me pus a pensar o significado dessas pequenas diferenças na apresentação de um grupo conhecido pela padronização e pelo forte controle sobre as imagens, celebrações e narrativas dos integrantes.

O sentido vertical da placa era uma estratégia para que o templo não passasse despercebido do pedestre, uma vez que a rua é estreita e são inúmeros os anúncios de néon que indicam os atrativos comerciais e gastronômicos lá instalados. Já o nome da secretaria e o número do registro têm a ver com o estatuto jurídico diferenciado dos grupos religiosos na sociedade argentina. Cabe lembrar que a única estrutura eclesiástica reconhecida juridicamente como igreja e, portanto, como instituição pública naquele país é a Católica. A Constituição em vigor não deixa dúvidas sobre a proeminência dessa entidade religiosa, uma vez que o artigo 2º estabelece que "El gobierno federal sostiene el culto católico apostólico romano" (Wynarkczyk, 2003: 52). As demais instituições religiosas são consideradas de direito privado e devem, segundo o Artigo 33 do Código Civil, inscrever-se na Secretaria de Culto, que lhes vai conceder não só o número de registro que lhes garante a abertura de templos como também o estatuto eclesiástico. Ainda que o governo atual não siga estritamente a legislação sancionada durante a ditadura militar para regular os cultos, a desigualdade do tratamento dos diversos grupos religiosos na esfera pública é muito grande. Segundo Wynarkczyk (2003: 52),

IDENTIDADE E GLOBALIZAÇÃO

> La iglesia católica es beneficiada por sueldos que el estado le paga al clero, incluyendo los seminaristas, mediante recursos impositivos recolectados entre católicos, otros creyentes y nocreyentes; dispone de uma situación privilegiada para acceder las capellanías en las fuerzas armadas y de seguridad, la erección de monumentos a la virgen em espacios públicos y oficinas gubernamentales, el acceso a fuentes de dinero aplicable em tareas de acción social; también dispone de mayores posibilidades para la apertura en regla de médios de comunicación radiales y televisivos.

Como se pode perceber, num contexto sociocultural em que as fronteiras entre Estado e Igreja Católica se revelam tão tênues é preciso muita cautela na aplicação do conceito de secularização criado para designar o processo de separação das esferas religiosa e política na Europa. Terei oportunidade de voltar a esse ponto mais adiante, quando discutir a questão da tendência à secularização. Por ora, queria destacar o apoio concedido pela maior parte da hierarquia católica à ditadura militar e levantar a hipótese de que esse alinhamento do clero da igreja hegemônica com a direita e com os militares tenha favorecido essa representação da Argentina como uma sociedade secular e alimentado o preconceito em relação às religiões de uma forma geral. Com a triste marca de 30 mil desaparecidos políticos no período ditatorial, é compreensível o desconforto daqueles setores sociais que buscam a reconstrução democrática com a instituição religiosa dominante. Entretanto, fica a dúvida se o fato de negar a força desse ator coletivo na cena pública é a melhor estratégia para garantir uma esfera legal e política mais autônoma.

Mas voltemos ao templo da IURD, pois lá dentro descobriria outras acomodações da "igreja dos pastores brasi-

## IDENTIDADE, GLOBALIZAÇÃO E SECULARIZAÇÃO

leiros" em terras portenhas: a bandeira da Argentina no púlpito. No Brasil existem igrejas pentecostais, como a Assembleia de Deus, em que a presença da bandeira nacional pode aparecer em programas religiosos transmitidos pela televisão ou mesmo em algum templo, mas nunca encontrei uma bandeira nas igrejas da IURD que visitei, seja no Brasil ou no exterior. Nas leituras dos estudos sobre a igreja na Argentina também não encontrei menção ao uso desse símbolo da pátria. Lembro-me bem de que um dos poucos estudos etnográficos e comparativos desse grupo religioso nos dois países enfatizava outra estratégia dos pastores iurdianos para se aproximar dos setores populares da capital federal: a instalação de uma televisão na calçada com a exibição contínua de sessões dos cultos afro-brasileiros, para que os portenhos conhecessem as entidades daquelas religiões que deveriam ser combatidas pela nova igreja.[13] Ou seja, em terras onde as religiões afro-brasileiras apresentavam uma presença incipiente e uma história curta, a igreja, que tinha entre seus atrativos o embate com as forças malignas da umbanda e do candomblé, se viu obrigada a reforçar, embora de uma perspectiva negativa, a crença nas entidades daquelas expressões religiosas.

É interessante destacar a relação entre essas duas diásporas: a das religiões afro-brasileiras e a dos grupos neopentecostais brasileiros em direção aos países da América Latina e particularmente à Argentina. Vários autores[14] já trataram do trânsito dos bens religiosos afro-brasileiros e das reelaborações ocorridas na implementação e no desenvolvimento das religiões nas diferentes paisagens nacionais. Na visão de Segato (1997: 226), o processo de reelaboração é sempre realizado dentro do marco político, étnico, econômico e simbólico de cada nação, mas também sofre a influência dos fluxos culturais — sejam os de caráter secular, sejam os religiosos — oriundos dos Estados Unidos, da

## IDENTIDADE E GLOBALIZAÇÃO

Europa e do Oriente em direção ao sul do América Latina. Ou seja, a desterritorialização das comunidades religiosas afro-brasileiras ocorre num contexto em que fluxos se entrecruzam no espaço global, e esse entrecruzamento de ideias, valores e especialistas — tanto do sagrado como do conhecimento — exerce certamente influência no processo de ressignificação das crenças, nas formas de sociabilidade dos fiéis e nas celebrações do grupo religioso.

No caso específico do trânsito das religiões mediúnicas para a Argentina, Alejandro Frigério, seguindo uma perspectiva teórica distinta da anterior, chama atenção para o esforço feito pelos pais e mães de santo na criação de pontes cognitivas entre o catolicismo popular e a umbanda, assim como na ampliação da legitimidade dos grupos dessa tradição religiosa. De acordo com esse autor, além de explorar os elementos do catolicismo popular que apresentavam similitude com a lógica religiosa da umbanda — a crença em uma multiplicidade de seres espirituais (santos/entidades) que podem ajudar as pessoas a resolver problemas específicos seria uma das mais importantes delas — os pais e mães de santo procuraram

> ampliar, reforçar e expressar mais claramente certos temas presentes nos marcos interpretativos de seus clientes, mas que não estavam muito desenvolvidos devido à sua estigmação pelas religiões oficiais, tais como a crença na eficácia da magia, a existência de danos causados por terceiros ou a possibilidade de mobilizar um ser espiritual protetor. (Frigério, 1997: 160)

Para atenuar a intolerância e, principalmente, se defender das acusações dos meios de comunicação local de que a umbanda seria uma "seita mágica", os especialistas do sagrado desenvolveram estratégias de acomodação aos valores sociais locais, enfatizando num primeiro momento o

## IDENTIDADE, GLOBALIZAÇÃO E SECULARIZAÇÃO

caráter religioso dos grupos umbandistas e do batuque. O fracasso desses esforços faria com que os atores religiosos tentassem posteriormente estabelecer uma identificação maior dessas expressões religiosas com o africanismo e a cultura de grupos étnicos importantes no desenvolvimento da América Latina (Frigério, 1997: 167). Recurso que também se mostraria limitado e pouco acrescentaria aos grupos confessionais em questão.

Para os propósitos do presente artigo, o que me interessa registrar é que o trânsito das religiões afro-brasileiras favoreceu de alguma forma a implantação da IURD na Argentina. E tanto é assim que sua estratégia inicial foi a difusão de imagens desse tipo de religiosidade para os transeuntes do Centro da capital Argentina, que, sem dúvida alguma, é onde a cultura da psicanálise deixou sua marca mais forte. E aqui tenho de me remeter, ainda que rapidamente, ao caráter seletivo, segregador e diferenciador das forças globalizadoras. Como já mostraram vários autores (Bauman, 1999; Mato, 2001; Hopenhayn, 2001; entre outros) os fluxos de bens — sejam os materiais ou de caráter mais ideológico — atingem de maneira diferenciada os distintos setores em interação social e alguns são mesmo marginalizados desse processo, uma vez que não dispõem de recursos — econômicos e cognitivos — para participar do processo de intercâmbio em escala global. De modo que, se por um lado é possível identificar uma influência da cultura da psicanálise no universo simbólico das camadas médias urbanas de Buenos Aires, por outro o crescimento da pobreza na região e as correntes migratórias das sociedades vizinhas ampliaram nas últimas décadas o setor marginalizado das tendências globalizantes europeias e favoreceram a difusão das expressões religiões emocionais no país, em especial do neopentecostalismo, que aproveitou os sendeiros abertos pelas expressões afro-brasileiras.

IDENTIDADE E GLOBALIZAÇÃO

É bom lembrar que a IURD não é a única instituição pentecostal brasileira em terras argentinas e que existem igrejas autóctones desse ramo do protestantismo que são muito mais importantes em termos numéricos — tanto de templos quanto de pastores e fiéis. De qualquer maneira, é interessante verificar como a instituição qualificada pela mídia de a "igreja dos pastores brasileiros" foi aos poucos adotando novos elementos simbólicos e se adaptando à realidade cultural do país. A colocação da bandeira da Argentina no púlpito é sem dúvida um esforço de acomodação em uma formação social com forte sentimento nacionalista e uma histórica rivalidade com o Brasil. Visitei vários templos de distintas agremiações religiosas e pude verificar que em várias delas a bandeira nacional está presente, mas encontrei igrejas como a do Rey de Reys, do Reverendo Cláudio Freidzon, no bairro de Palermo, em que esse símbolo não aparece. De qualquer maneira, o significado do uso da bandeira local em uma igreja transnacional assume características distintas aos olhos de uma pesquisadora brasileira.

Com pastores pregando em portunhol e obreiros com uma identidade étnica muito mais próxima da de Pelé do que da de Maradona, a motivação da hierarquia da IURD para adotar o uso da bandeira branca e azul parece ser a redução da hostilidade ao grupo *outsider* e a criação de uma ponte simbólica entre ele e os atores locais. De qualquer maneira, existem usos múltiplos dos símbolos nacionais por parte das entidades religiosas. No templo da Igreja Visión Del Futuro, no bairro de Belgrano, que curiosamente tem no interior da letra *o* que compõe a palavra *visión* o desenho do globo terrestre, encontrei dez bandeiras pertencentes a diferentes países enfileiradas ao lado da argentina. E ali o significado da exposição é outro: mostrar as terras conquistadas pelo grupo local para Deus. Como vimos na introdução deste artigo, o projeto de universaliza-

## IDENTIDADE, GLOBALIZAÇÃO E SECULARIZAÇÃO

ção do cristianismo é muito antigo. A novidade está no fato de que se multiplicaram os grupos religiosos com aspirações expansionistas e de deslocamento territorial.

O slogan ¡El Mundo Entero Para Cristo! foi criado pela Iglesia Rey de Reys para justificar o envio de pastores e missionários para outros países por meio do Ministério de la Nación. Iniciativas dessa natureza servem bem para demonstrar que o fluxo de bens culturais não segue uma mão única ou que múltiplos são os sentidos do trânsito das crenças e das práticas religiosas nas sociedades atuais. Isto, é claro, depende não só da capacidade organizativa e dos recursos econômicos do grupo confessional como também da incorporação de tecnologias que permitem um acesso a um número cada vez maior de pessoas. Não são poucas as igrejas na América Latina que dispõem de páginas na internet e que usam esse espaço para oferecer informações sobre sua expansão no mundo e interligar suas igrejas. Os recursos são os mais diversos: o portal da Iglesia Rey de Reys, além das informações em espanhol, oferece a possibilidade de uma segunda língua, o inglês, para o internauta; já a Universal dispõe de páginas nos provedores dos países em que se instala, e no caso da Argentina usa o espanhol, língua local, para se comunicar com os fiéis.

Ainda no que se refere às tecnologias de comunicação, queria registrar que uma das coisas que mais chamaram minha atenção na observação que fiz nos grandes templos pentecostais e neopentecostais de Buenos Aires foi o espaço concedido às câmeras e microfones para a filmagem e gravação dos cultos, que seriam posteriormente transmitidos pela televisão. Em várias igrejas as filmadoras ficam ao alto, na frente do púlpito e bem no centro da edificação, dando a impressão de que o culto e as palavras do pastor seguem as exigências de um tempo que não é o real, de um espaço que vai muito além das portas do templo e de uma comuni-

## IDENTIDADE E GLOBALIZAÇÃO

dade que extrapola os fiéis da denominação. Na Igreja Universal do Reino de Deus, em que o uso da tecnologia é mais intenso e as câmeras estão dispostas não só para registrar as imagens para os programas televisivos, mas também para controlar os fiéis dentro dos templos, uma grua permite o constante deslocamento em busca das melhores imagens para o público televisivo. No momento do testemunho, qualquer problema técnico é contornado com os pedidos de desculpas do pastor e a solicitação para que o fiel recomece seu relato e o número dos que podem falar é sempre bem inferior ao dos que desejam se expressar. Afinal, a celebração leva em conta também o tempo da mídia televisiva.

O uso de tecnologias de comunicação cada vez mais sofisticadas por parte dos grupos religiosos em expansão resulta não só em ajustes na duração e no formato das celebrações, mas também na incorporação de uma gramática que se distancia das questões teológicas para dar conta dos problemas da espécie humana, que vão dos temas econômicos e de política internacional às questões ecológicas. Efeito e expressão dos processos de globalização, essa tendência de acomodação das religiões aos tempos atuais é explicada por Enzo Pace (1997: 38) em função da lógica dos meios de comunicação de massas, que, uma vez aceita e usada, acaba por favorecer a linguagem das emoções e dos afetos em detrimento das "grandes construções filosóficas e escatológicas". Seguindo essa tendência de secularização dos seus temas, "as religiões encontram mais facilidade para entrar em circulação e conseguem uma grande audiência ou impor-se em um mercado de mensagens abarrotado, que tem diante de si um público que tendencialmente não aprecia os discursos amplos e complexos, mas antes os 'efeitos especiais' e de breve duração."

A ausência de dados censitários sobre a religiosidade da população e o número muito reduzido de pesquisas em-

## IDENTIDADE, GLOBALIZAÇÃO E SECULARIZAÇÃO

píricas quantitativas na área da religião dificultam uma avaliação do sucesso dessas estratégias e mesmo do potencial de crescimento desses grupos nas distintas camadas sociais do país. Mas as pesquisas qualitativas sugerem que a base social do neopentecostalismo seria constituída, como nos demais países do sul do continente americano, pelos setores mais carentes, menos escolarizados e mais marginalizados da sociedade. Segmentos sociais, diga-se de passagem, em que o acesso à cultura secular tem se mostrado mais restrito e nos quais o uso da magia como meio de salvação parece ser mais recorrente.

É interessante lembrar que os pentecostais se destacam entre os grupos cristãos de várias sociedades pela forte tendência de escolher a religião como principal fonte de identidade e de estabelecer vínculos mais sólidos com as comunidades confessionais do que com qualquer outra agremiação da sociedade e da política. De modo que, se a expansão dos pentecostais na Argentina expressar a mesma tendência de valorização da pertença religiosa no processo de construção da identidade dos sujeitos sociais, a representação social da sociedade secular ficará ainda mais distante da realidade social daquele país.

Mas não é só esse ramo do evangelismo que parece crescer na Argentina. Os movimentos transnacionais Nova Era e Renovação Carismática também encontram-se em expansão e é importante verificar como essa fermentação contemporânea de religiosidades é interpretada pelo sociólogo da religião Fortunato Mallimacci, que se destaca entre os autores latino-americanos pelo empenho de analisar o fenômeno em questão nos marcos do processo da globalização.

Asistimos a una reconfiguración mundial de las relaciones entre sociedad, Estado-Nación, império e instituciones y creencias religiosas en todos los niveles. La debilidad y cri-

## IDENTIDADE E GLOBALIZAÇÃO

sis de la "oferta política partidaria" nacional en América Latina y otras zonas del planeta, dado que han dejado de ser creíbles sus "promesas de vivir mejor" fruto de la impotencia frente a la actual globalización excluyente que vivimos, vuelve a plantear el papel de lo religioso como dador de sentido y anunciador de promesas de salvación en nuestras sociedades secularizadas. (Mallimacci, 2001: 17)

Como se pode perceber aqui, também a representação da sociedade aproxima a Argentina das formações sociais europeias seculares e a revitalização religiosa é interpretada como uma decorrência da crise de legitimidade por que passam as instituições políticas nesta parte do continente americano. Nesse caso, o discurso religioso retoma a sua importante função cognitiva para grande parte dos segmentos excluídos da globalização, mas também pode ser usado, como no caso dos Estados Unidos e dos países mulçumanos, para "fortalecer o debilitado e desanimado discurso político", ou seja, para mobilizar os grupos sociais. O discurso messiânico de Hugo Chavez na Venezuela e o esforço de Anthony Garotinho para construir uma rede de apoio político entre os diferentes grupos de orientação evangélica no Brasil demonstram a pertinência dessa associação do pentecostalismo com a falta de credibilidade das instituições políticas nesta região. O que esse tipo de argumento não explica é por que esse discurso obtém sucesso em algumas sociedades e não em outras, uma vez que a crise dessas instituições parece ser um fenômeno de amplitude mundial.

## IV — CONSIDERAÇÕES FINAIS

A despeito da matriz religiosa comum, a América Latina expressa hoje uma diversidade cultural e, mais especifica-

## IDENTIDADE, GLOBALIZAÇÃO E SECULARIZAÇÃO

mente, uma pluralidade de formas de se relacionar com o sagrado que reforça as teses da ambivalência da modernidade e da assimetria da globalização cultural. Com uma elite econômica e uma intelectualidade que circula pelas grandes metrópoles e pelos centros culturais do mundo, movimentos sociais transnacionais e acesso às mais sofisticadas tecnologias de comunicação, essa configuração geográfica apresenta alguns traços culturais que a aproxima das sociedades europeias, revelando, contudo, características distintas não só em relação a essas, como também entre si. Dito de outra maneira, se por um lado podem ser identificadas tendências de secularização das instituições sociais e de subjetivização dos códigos de crenças, por outro o ritmo e o alcance dessas tendências variam em função de fatores como a composição étnica, as relações entre os Estados e a Igreja Católica, o acesso à educação formal, a cultura política e o grau de institucionalização da sociedade de cada país.

Assim, embora a Argentina apresente índices de escolarização e de desigualdade econômica que a distinguem da maioria dos países da América do Sul, a relação do Estado com a Igreja Católica é bem mais complexa do que nas sociedades vizinhas, verificando-se uma grande interferência da hierarquia católica nas legislações relacionadas à educação sexual e à saúde reprodutiva. A despeito da força política dessa estrutura eclesiástica, observa-se o declínio contínuo do número de fiéis e uma crescente autonomia dos que preservam a identidade católica em relação à doutrina e à moral da instituição. Seguindo uma tendência mais geral da América Latina, o declínio do contingente católico parece estar ali também associado à expansão de grupos pentecostais de origem autóctone e ao fluxo crescente de igrejas transnacionais e movimentos religiosos que inovam na associação da espiritualidade com o lazer e os bens de consumo.

IDENTIDADE E GLOBALIZAÇÃO

Valorizando o indivíduo e adotando uma mensagem de conteúdo mais ético e humanista do que teológico, as novas expressões religiosas podem ser interpretadas como uma decorrência da secularização na esfera religiosa, mas num processo com características distintas das experiências europeias que inspiraram as teses de racionalização da sociedade. Hoje a circulação de ideias e valores ou a interconexão dos atores locais com os atores globais é muito maior, ampliando as possibilidades de escolha dos indivíduos frente às ideologias e aos discursos religiosos e, consequentemente, intensificando o trânsito deles pelos movimentos sociais e de caráter confessional. Assim, a aceleração dos processos de circulação estimula as diásporas não só de valores de inspiração iluminista e humanista — Estado secular, democracia, direitos humanos, justiça social etc. — mas também de narrativas religiosas que podem estar alinhadas aos valores anteriores ou se colocar como uma opção às ideologias de caráter mais secular.

Se o raciocínio desenvolvido acima está correto, os estudos sobre a cultura e a política na América Latina ganhariam muito com a intensificação do debate com os antropólogos e sociólogos da religião e com a ampliação das pesquisas comparativas sobre as formas contemporâneas de religiosidade nas diferentes sociedades nacionais.

## Bibliografia

APPADURAI, Arjun. *La modernidad desbordada: dimensiones culturales de la globalización*. Buenos Aires: Fondo de Cultura Económica de Argentina, 2001.

_____. "Disjunção e diferença na economia cultural global". In: FEATHERSTONE, Mike (org.). *Cultura global*. Petrópolis: Vozes, 1994.

BAUMAN, Zygmunt. *La globalización — Consecuencias humanas*. Buenos Aires: Fondo de Cultura Económica, 1999.

BECK, Ulrich. *Qué es la globalización?* Buenos Aires: Paidós, 2004.

BEYER, Meter F. "A privatização e a influência pública da religião na sociedade global". *In* FEATHERSTONE, Mike (org.). *Cultura global*. Petrópolis: Vozes, 1994.

CAROZZI, María Julia. "Nova Era: A autonomia como religião". In: _____. (org.). *A nova era no Mercosul*. Petrópolis: Vozes, 1999, p. 149-200.

CASANOVA, José. "Religiones públicas y privadas". *In* AUYERO, Javier. *Cajá de herramientas*. Buenos Aires: Losada, 1999, p. 115-162.

_____. "Secularization". *In International Encyclopedia of the Social Behavorial Sciences*, v. 20, p. 13786-13791.

CIPRIANO, Roberto. *Manual de sociología de la religión*. Buenos Aires: Siglo Veintiuno Editores Argentina, 2004.

ESQUIVEL, Juan. *Creencias y religiones en Gran Buenos Aires*. Bernal: Universidad Nacional de Quilmas, 2001.

FRIGERIO, Alejandro. "Estabelecendo pontes: articulação de significados e acomodação social em movimentos religiosos no Cone Sul". *In* ORO, Ari Pedro e STEIL, Carlos Alberto. *Globalização e religião*. Petrópolis: Vozes, 1997.

FRIGERIO, Alejandro e CAROZZI, Maria Julia. "As religiones afrobrasileñas em Argentina". *In* ORO, Ari Pedro (org.). *As religiões afro-brasileiras no Cone Sul*. Cadernos de Antropologia, nº 10, Porto Alegre: UFRGS, 1993, p. 39-68.

GELLNER, Ernest. *Pós-modernismo, razon y religión*. Buenos Aires: Paidós, 1994.

HABERMAS, Jürgen. "Os secularizados não devem negar potencial de verdade a visões de mundo religiosas". *Folha de S.Paulo*, Caderno Mais, 24 de abril de 2005.

HERVIEU-LÉGER, Danielle. *Catholicisme français: la fin d'un monde*. Paris: Bayard, 2003.

GIMENEZ, V. "La Comunidad, la iglesia, los peregrinos. Formas de sociabilidad en dos grupos católicos emocionales de la periferia de Buenos Aires". *In Religião e Sociedade*. Rio de Janeiro: Iser, v. 23, nº 1, 2003, p.106.

KEPEL, G. *A revanche de Deus*. São Paulo: Siciliano, 1992.

MACHADO, Maria das Dores C. *Religião e política*. Rio de Janeiro: Editora FGV, 2006.

MALLIMACI, Fortunato. "Globalización y Catolicismo: La mirada desde arriba y las relaciones cotidianas". *In* BIDEGAIN, Ana María e DEMERA, Juan Diego (comp.). *Globalización y diversidad religiosa en Colombia*. Bogotá: Unibiblos, 2005, p. 31-60.

_____. "A situação religiosa na Argentina urbana do fim do milênio". *In* ORO, Ari Pedro e STEIL, Carlos Alberto. *Globalização e religião*. Petrópolis: Vozes, 1997, p. 73-92.

MATO, Daniel. "Cultura y transformaciones sociales en tiempos de globalización". *In* MATO, Daniel (org.). *Estudios latinoamericanos sobre cultura y transformaciones sociales en tiempos de globalización*. Buenos Aires: Clacso, 2001.

MARTIN, Eloisa. "La virgen de Lujan: el milagro de una identidad nacional Católica". *In Imaginário*. USP: nº 6, 2000, p. 136-158.

MONTERO, Paula. "Secularización". *In* SARLO, Beatriz *et al. Termos críticos de sociología de la cultura*. Buenos Aires: Paidós, 2002, p. 211-213.

MOREIRA, Patrícia. "Demônios do Reino de Deus: a Igreja Universal do Reino de Deus na Argentina". Dissertação de pós-graduação em Ciências Sociais na Uerj, 1998.

ORO, Ari Pedro. "Religião e política no Cone Sul". *In* ORO, Ari Pedro e STEIL, Carlos (orgs.). *Globalização e religião*. Petrópolis: Vozes, 1997, p.179-200.

ORO, Ari Pedro e SEMAN, Pablo. "Os Pentecostalismos nos países do Cone Sul: Panorama e estudos". *In Religião e Sociedade*. v. 18, nº 2, 1997, p. 127-155

PACE, Enzo. *Sociologia do islã*. Petrópolis: Vozes, 2005.

_____. "Religião e globalização". *In* ORO, Ari Pedro e STEIL, Carlos Alberto. *Globalização e religião*, Petrópolis: Vozes, 1997, p. 25-42.

PARKER, Cristián. "Globalização e religião: o caso chileno". *In* ORO, Ari Pedro e STEIL, Carlos Alberto. *Globalização e religião*. Petrópolis: Vozes, 1997.

RIBEIRO, Gustavo Lins. "Post-imperialismo: para una discusión después del post-colonialism y multiculturalismo". *In* MATO, Daniel (org.). *Estudios Latinoamericanos sobre cultura y transformaciones sociales en tiempos de globalización*. Buenos Aires: Clacso, 2001.

ROBERTSON, Roland. "Mapeamento da condição global: globalização como conceito central". *In* FEATHERSTONE, Mike (org.). *Cultura global*. Petrópolis: Vozes, 1994.

SEGATO, Rita. "La economia del deseo en el espacio virtual: Hablando sobre Religión por internet". *In* SEGATO, Rita, *Las estructuras elementales de la violencia*. Bernal: Universidad Nacional de Quilmas, 2003.

_____. "Formações de diversidade: nação e opções religiosas no contexto da globalização". *In* ORO, Ari Pedro e STEIL, Carlos Alberto. *Globalização e religião*. Petrópolis: Vozes, 1997, p. 219-248.

SEMÁN, Pablo. *La religiosidad popular*. Buenos Aires: Capital Intelectual, 2004.

SONEIRA, Abelardo Jorge. "A situação religiosa nos paises do Cone Sul: Comentários". *In* ORO, Ari Pedro e STEIL, Carlos Alberto. *Globalização e religião*. Petrópolis: Vozes, 1997, p. 147-149.

WYNARCZYK, Hilário. "Entre el legado y los desafios: las iglesias evangélicas en la Argentina". *In* CHIQUETE, D. e ORELLANA, Luis. *Voces del pentecostalismo latinoamericano*. Buenos Aires: Talcachuano, 2003, p. 29-59.

IDENTIDADE E GLOBALIZAÇÃO

## Notas

1.  Doutora em sociologia. Professora da Escola de Serviço Social da UFRJ.
2.  Agradeço o auxílio financeiro do Conselho Nacional de Desenvolvimento Científico e Tecnológico (CNPq) e o empenho da Drª Elizabeth Jeilin em tornar agradável e muito produtiva a minha passagem naquela instituição de pesquisa e ensino. Uma versão preliminar desse artigo foi apresentada no 4º Workshop Social and Cultural Dynamics, organizado pelo Multidisciplinary Inter-Institucional Network on Development Strategies (Minds) e pelo Programa de Pós-Graduação de Ciências Sociais em Desenvolvimento, Agricultura e Sociedade (CPDA)/UFRRJ em março de 2006.
3.  Sou grata a Eloisa Martin, pesquisadora do Consejo Nacional de Investigaciones Científicas y Técnicas (Conicet), por ter chamado minha atenção para a existência de imagens dessa santa em várias praças, prédios públicos e estações de metrô de Buenos Aires.
4.  Lembro dos trabalhos de Oro, 1997; Oro e Seman, 1997; Frigerio e Carozzi, 1993; entre outros.
5.  Ver Semán, 2004; Hilário, 2003.
6.  Principalmente os estudos de Soneria, 1997; Malimacci, 1997; e Jiménez, 2003.
7.  Carozzi, 1999.
8.  Ver Giddens, 1991 e Bauman, 1999.
9.  Existe um conjunto de autores que posteriormente seguiriam essa trilha: Ribeiro, 2001; Mato, 1999; Hopenhay, 2001; Arizpe, 2001; entre outros.
10. Ver Machado, 2006.
11. Os dados da pesquisa "Spirit and Power: A 10-Country Survey of Pentecostals" podem ser encontrados no site The Pew Forum on Religión & Public Life em *http://www.pewfoundation.org.*
12. Ver, por exemplo, Beyer, 1994; Hervie-Leger, 2003; Pace, 1997; etc.

## IDENTIDADE, GLOBALIZAÇÃO E SECULARIZAÇÃO

13. Trata-se do estudo feito por Moreira, 1998.
14. Ver, por exemplo, Oro (1997); Oro & Semán (1997); Segato (1991 e 1997); Frigério & Carozzi (1993); e Frigério (1997).

Este livro foi composto na tipologia Classical Garamond BT,
em corpo 11/13,8, impresso em papel off-white 80g/m²,
no Sistema Cameron da Divisão Gráfica
da Distribuidora Record.

Seja um Leitor Preferencial Record
e receba informações sobre nossos lançamentos.
Escreva para
**RP Record**
**Caixa Postal 23.052**
**Rio de Janeiro, RJ – CEP 20922-970**
dando seu nome e endereço
e tenha acesso a nossas ofertas especiais.

Válido somente no Brasil.

Ou visite a nossa *home page*:
http://www.record.com.br